サマー サンタクロース

Summer Santa Claus

こがようこ

ひだまり舎

✦ はじめに ✦

わたしは子どもが生まれてから、ほんとうの意味で絵本に出会いました。

おもわぬ発見があったり、なによりぬくもりがうれしくて、子どもを両脇においていっしょに絵本を読むことに取り憑かれてしまったのです。子どもと絵本を読むというのは、なんておもしろいことだろう。児童書店で、図書館で、絵本を買い、借りて、毎晩何冊もの絵本を読みました。その生活は子どもたちが小学校6年生まで続き、わたしにとってはおひさまの下にいるような思い出の時となっています。

サマーサンタクロースは2000年から書き始めた通信です。その中の「今月読みたくなっちゃった絵本」というコーナーで紹介してきたはじめの6年間分からの抜粋がこの本です。今ではもう書店で入手できなくなってしまった絵本もありますが、機会があればぜひ手にとってほしいです。絵本の紹介といいながら、このコラムには絵本の紹介文があまりありません。あるのは、子ども時代の思い出やら、子育て奮闘の話やら、季節の移り変わりやら、そんなことばかり。でもきっと絵本たちが、数々の思い出や感情を呼び覚まして、こんなに書きたい！　誰かに伝えたい！　気持ちにしてくれたのではないかと思うのです。子どもと読む絵本はおもしろいと書きましたが、ぜひ自分自身のために絵本と出会って下さいね。

絵本を読んでみませんか？　子どもたちのために。自分のために。

もくじ

わたしの母は、洋服を作っていました。お店を開いていたわけではなく、何人かのお客を持って、デザインから仕上げまで一人で洋服を仕立てていました。物心ついた時からジャキジャキという裁ちバサミの音を聞いて育ったのです。裁ちバサミが鳴ると、モワッと毛ボコリが立ち上ります。それからガタガタと家中をうならせる足踏みミシンの音。仮縫いも大切な仕事です。大まかに縫い上げた服を着て、体に合わせていきます。わたしの服も作ってくれて、待ち針をとめながら、針がときどき体にささったりして、あっちを向かされたりこっちを向いたり、ただじっと立っているのが子どもの頃は退屈だった。皆とおんなじ既成の服が着たくて仕方がなかった。

先日、娘が初めて仮縫いを経験しました。仮縫いを見るのは久しぶり。ジャキジャキと鳴るハサミの音、モワッと立つ毛ボコリ、待ち針がチクッと刺さる感じ、懐かしかった。わたしはこの音やにおいを体中にしみこませて大きくなったんだな、

きっと。娘たちもこの音を心に留めてくれるかしら。洋服を作るわたしの母の傍に居て、あの音やにおいにおばあちゃんの存在や、ことばで伝えきれないこどもの頃のわたしを感じてくれたらと思います。

さて、皆が大好きな「がらがらどん」。こんなに心地好い文章を読んだことがありません。口に乗せても気持が良くて何度も何度も繰り返し読みたくなる一冊です。中でも一番好きなのが「チョキン、パチン、ストン。はなしはおしまい」という最後の部分。このことばを聞くと、ちゃんと収まるところに心が収まるんですよね。ジャキジャキという母の裁ちバサミの音が、このチョキン、パチン、ストン、に重なって、今もモワッと舞い上がる毛ボコリのにおいを思い出します。

2000年 **6** 月に
読みたくなっちゃった**本**

『三びきのやぎの
　がらがらどん』

北欧民話
マーシャ・ブラウン　絵
せたていじ　訳
福音館書店

家は小学校の真ん前にあります。五階ですから、お台所から校庭や教室がよく見える。今日のような雨降りには、傘の花を見ながら朝ご飯の洗い物という具合です。菜の花一つ、赤いチューリップ三つ、黒スミレの一群が花びらを回して水しぶきをあげる。水しぶきがかかって群れは、ぱっと散り散りに。「おまえがかけた」「おまえだって」元気な声が五階まで響いてきます。色とりどりの傘の花たちは、一つの門に吸い込まれ、ぽんぽんと音をたてて、一人一人の子どもにもどります。子どもたちは、今日も元気一杯！それにひきかえ、雨が続くと、つい、しんなりなってしまうのが、おばさんのわたし。

こんな日にこそ、雨が待ち遠しくなるような本を開きたい。
キリ・ママおじさんの村には、まだ傘というものがありません。ある日、おじさんはまちに出て初めて傘というものを知り、その美しさ便利さにすっかり魅せられてしまいました。おじさんは傘を買って帰りますが、村の入り口で、お茶を飲んでいる間に盗まれてしまいます。まちに出ては、大切な一本を買って帰りますが、その度盗まれてしまうのです。キリ・ママおじさんは無事自分の傘をみつけて、村に傘の花を咲かせることができるのでしょうか。スリランカというお国柄でしょう。とにかく絵があたたかい！見返しがまた素敵なんだから。おばさんもしんなりしている場合ではありません。おもわず新しい傘が欲しくなります。とびきり鮮やかな柄の傘がね。
それにしても一体傘どろぼうは、誰だったのでしょうね。

2000年 **7** 月に
読みたくなっちゃった**本**

『かさどろぼう』

シビル・ウェッタシンハ　作・絵
猪熊葉子　訳
徳間書店

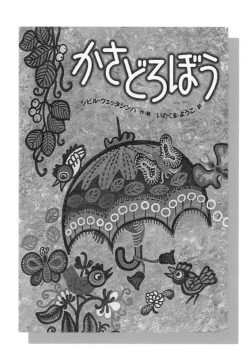

子どもの頃、裏山にある熊野神社でよく遊びました。特別に大きな神社ではありませんが、それでも一山こんもりと緑をたたえた裏山は、小さなわたしたちにとって秘密のにおいのする聖地なのでした。神社の裏に真ん丸い「のの池」があります。平仮名の「の」の形から名のついたこの池には、片目の鯉の伝説が残っています。神社から歩いて十五分程の所に「ちの池公園」があって、ここは昔、母娘が心中をして血で真っ赤に染まった池を埋め立て公園にしたのだそうです。神社の向かいには、平仮名の「い」の形をした「いの池」があって、三つを合わせて「いのちの池」というのです。これらは子どもの頃に触れた唯一の伝説、民話だったと思います。さて、「いの池」には、長いことこんな立て札が立っていました。『かっぱにご注意！』何ともそそられる立て札でしょう？？木が生い茂り、昼間でもどんより、じっとりしたその一帯に、小学生の私は入ることができませんでした。かっぱがヌッと手を出して私の足首を掴みそうな気がしたのです。中学生に

なっても、ときどき立て札を覗きに行ったのを覚えています。たぶん、その立て札がとても好きだったんだと思います。大人になって、池だしね、かっぱはいないな、と思うようになっても実家に行く度こっそり池を覗きに行きました。木の朽ちかけたその立て札があると、「立て札あるある、何かいるいる」とうれしくもあり、そのくせ、子どもの頃を思い出すのかゾクゾクッとしてけっきょく池の淵まで行けませんでした。ほんの十数年前まで、横浜の新興住宅地の中にもかっぱは生きていたのです。

ある時、立て札は無くなっていました。立て札一つ無くなっただけなのに、わたしにとって池はただのじとじとした沼に変わりました。もう、ドキドキもゾクゾクもありません。「かっぱにご注意！」立て札と一緒にかっぱも何処かへ消えました。

おっきょちゃんはかっぱのガータロとともだちになって水の世界で楽しく過ごします。水の外に戻れておかあさんともちゃん

と再会できます。けれど、この絵本を読むとわたしはせつなくなるのです。おっきょちゃんはガータロにもらったまつりのもちを「ひとくちたべたら、おとうさんのことをわすれ、ふたくちたべたら、おかあさんのことをわすれ、みくちたべたら、みずのそとのことをぜんぶぜんぶわすれ」てしまいます。

外の世界に帰ってきたおっきょちゃんは、「おかあさんにいろいろきかれたけれど、かわのなかのことはなにひとつおぼえていなかった」のです。わたしたちの世界と水の中の世界、分かり合えても、決して相いれる事のない世界、それがドキドキやゾクゾクや、せつなさを呼ぶのかもしれません。

『おっきょちゃんとかっぱ』

長谷川摂子　文
降矢奈々　絵
福音館書店

8月31日と9月1日の間には、つながった時の流れとは別に、目に見えないくらい細くて、でも深ーい溝があるような気がします。その溝を飛び越えたら、昨日にはもう戻れないというような季節の溝。9月に一歩足を踏み入れた途端、空が数段高くなる。トンボが昨日の倍くらい飛び始め、夕方にそよぐ風だって確実に柔らかい。花火やプールだって急にショボショボと色あせてしまう。夏っていうのは、8月31日を境にして、突然いっちゃうんですよね。

夏が大好きでした。ここ数年こそ「ふるやのもり」[*]より何より日焼けが怖い、と日陰ばかりさまようようになったわたしですが、それまでは、暇さえあれば、市営プールで過ごしていました。ごろんと寝転び、青い空を眺めて本を読む。子どもはプールで好きなように遊ぶ。(ちっちゃい頃は、もちろん一緒に遊びましたよ)こんな誰からも邪魔されない時間って、ほかにはそうそう考えられない。しかも、子どもも至極幸せそう。

今年の8月31日、「そうだ、プールに行こう!」と思い立った時のワクワク感は、ちょっとことばで言い表わせません。水着、ゴーグル、バスタオル、敷物、読みかけの本をバッサバッサと袋につめこんで、季節の溝を飛び越す前に、夏の最後を娘と二人、思いっきり楽しみました。さあ、これで心置きなく、食欲の秋にまっしぐら!

さてさて、そうは言ってもまだまだ日中は暑い暑い。ぞうくんには、もう一がんばりしてもらいましょう。南の国の草原で、ぎらぎらの太陽の下、ぐてんぐてんの動物をぞうくんは水遊びに誘います。わがままな動物たちとぞうくんの水遊び。わたしは、だんぜんぞうくんの味方です。ぞうくんが水遊びを終える頃、ぞうくんのもやもやと一緒に、わたしの心の中のもやもやもすっかり吹っ飛んでしまいましたから。

＊「ふるやのもり」…古い家の雨漏りのこと。おじいさんとおばあさんが、ど
ろぼうよりもおおかみよりも、この世で一番怖いのは、「ふるやのもりだ」
と話し合うのを、屋根裏で聞いていたどろぼうとおおかみが、「ふるやの
もりがでた」ということばを聞いて、大騒ぎとなる日本の昔話。福音館書
店等から絵本もでています。

2000年 **9** 月に
読みたくなっちゃった**本**

『**ぞうのみずあそび**』

いとうひろし　作
絵本館

このリアルなワニのわにわにくんが、ページをめくる度、「うちの子」もしくは、「隣の正男君」に見えてきます。絵本を開いた子どもたちだって「これってぼく？」と、思うに違いない。

さて、うちのわにわにくんは、お風呂に入るとおしゃべりし続けます。エッチな質問も、次々にします。天才バカボンを二番まで歌います。それから、ずりずりとバスタブによじ登り、バスタブにまたがって、バスタブを抱きかかえるように寝そべっています。「何でそんな格好？」と思ったら、甲羅干しだそうで「暑くなるといつもこうやっている」ということです。これじゃ本当のワニじゃない。お風呂っていうのは、入るまでが面倒くさくて、そのくせ入ってしまうと気持ちがいい。ついつい「ほーっ」と感嘆詞ともため息ともつかない声を上げてしまう。もちろん、これは大人になっても変わりません。入るまでが「よっこいしょ」という感じです。今までで、一番「よっこいしょ」と掛け声かけて入らなくちゃならなかったのが、わたしが子どものころ訪れていた田舎の家のお風呂です。今はすっかり新しくなってしまいましたが、以前は、母屋と別のところにお風呂があって、ただでさえ暗い田舎の闇が、裸電球（だったと思います。）を通してしんしんとわたしに迫ってくるように感じたものです。蜘蛛がぶらーんとぶら下がっていたりしてね。ところが心を決めて入ると、ちょっと開いた窓から星空が見えて気持ちがいいんだ。突然ガラリと窓が開いて、隣の家のおばあちゃんが、「陽子ちゃん、来たんだってー」と、覗きこむ。もう一つの窓もガラリと開いて、今度はうちのおばあちゃんが、「いやだわやぁ、おばあさま。陽子がびっくりしてるんね」などと言いながら、二人で今日の畑の具合から始まって、延々長話をしたりする。わたしは、出るに出られなくてね。「よっこいっしょ」と入った後に、「ほーっ」と、一息つけないことも、時にはあるのでした。

ところで、皆さんのうちのわにわにくんは、どんな風に体を拭きますか？ やっぱり、タオルの上に寝っ転がって、「ぐにっ ぐなっ ぐなっ」でしょうか。

2000年 **10** 月に
読みたくなっちゃった**本**

『 わにわにのおふろ 』

小風さち　文
山口マオ　絵
福音館書店

娘たちを初めて長野の親戚の家に連れて行ったときのことです。田舎の家ですから、その玄関からして、わたしたちの家の一部屋が丸ごと入ってしまうような広さでした。わたしたち家族とおばあちゃん（わたしの母）、全部で五人が横一列に並んで挨拶しますと、吹きぬけの天井まで続いている立派な大黒柱の影から、小さなおサルが—失礼、立派な人間の男の子でした—こちらの様子を窺っています。

「しゅんくん？」と、声をかけますと7才になるしゅんくんは、スルスルスルっと、その太い柱を抱きかかえ、二階まで登って柱のてっぺんから小首を傾げ、わたしたちをじーっと見つめているのです。まあ、その瞳の大きいこと、黒いこと。大きな瞳で見つめられわたしはちょっと、どぎまぎしました。

黒い大きな瞳をしたしゅんくんは、わたしたちが滞在した数日間、影法師のように付かず離れず娘たちの傍にいました。川原に行くと言えば、1メートルほど後ろをついて来る。そのくせ、後ろを振り向けばすっと消えてしまって、どこから先回り

したのか今度はちょっと先の曲がり角から顔を出す。畑にトマトを取りに行くと言えば、まったく関係ないよ、という顔をしながらザル一杯に採ってくれる。アマガエル付きでね。夜になって娘たちにお話をしていると、お座敷の外の真っ暗闇から二つの瞳が私たちを捕らえている。

「一緒に聞く？」と、声をかければ入り口まで来てゴロンと横になる。もう一声かければ、また暗闇に吸い込まれてしまいそうなしゅんくんに、さっきよりちょっと声を大きくして「赤ずきんちゃん」を語ったり。

けっきょくしゅんくんとはそれ程話をしませんでしたが、その真っ黒くて大きな瞳が、クルクルといろんなことを語りかけてくれました。出きる限りの気遣いとおもてなしもね。わたしの中でしゅんくんの輪郭や声が段々ぼやけてきても、あの黒い大きな瞳を忘れることができません。少年となったしゅんくんにいつか会いに行こうと思います。

さて、しゅんくんの瞳に会いたくなっちゃった人には、『おさる日記』をお薦めします。「×月×日／おとうさんがかえってきたので／港までむかえにいった。／おとうさんは／おみやげをぼくにくれた。／おさるをくれた。／まだちいさいおさるです」しんちゃんの家におさるの「もんきち」がやって来ます。もんきちは、だんだん頭が良くなって、ちょっとずつ変化が表れて、あぁ、どこまでも話してしまいたいけれど続きはやっぱりしんちゃんの書いた日記を読んでもらいましょう。最後の最後がお楽しみ！

そうそう、しゅんくんがおサルに似ているというのではありませんよ。瞳です、瞳！くれぐれも誤解のないようにね。

『 おさる日記 』

和田 誠　文
村上康成　絵
偕成社

クリスマスツリーを飾りました。一体何が忙しいのか、いつも出掛けてばかりいるわたしですが、クリスマスが近づくと妙に優しい気持ちになって家でゆっくり過ごしたくなります。何かを作りながら家族を想う、そんな季節が巡ってきました。

最近気に入っていることのひとつに「バス通勤」があります。週に一度、火曜日だけバスで仕事場に行くのですが、ぼんやり窓の外をながめての駅までの10分ほどが好きです。

「えー、いつの間に12月になっちゃったの!?」カレンダーを覗いては、びっくりマーク二つほどの叫び声を上げているわたしをよそに、窓の外の景色は、「季節は、どこもスキップなんかしちゃいない、ちゃんと順を踏まえて今年も移り変わっているんだよ」と、教えてくれます。街路樹は色づき、やがて葉を落とします。次の冷たい雨が降る頃には、すっかり丸坊主となった冬の木立が、張り詰めた冷たい空気と一緒に、バスの窓から飛び込んでくるでしょう。街行く人々も、それに答えるように、

トレーナーやセーターをあきらめて、帽子を目深にかぶって冬のコートに身を包みます。家々は、夏の名残のパラソルをいよいよたたんで、北風に揺れる玄関先の小さなリースさえ、立派な季節の使者となります。

人や犬や家々も、自然の営みのひとつとなって季節の風景を作っていく。駅に着いてわたしもバスから降り立てば、街に溶け込んで風景の一部となる。人様のものだったこの街が、引越しから半年経って、少しづつ「自分の街」へと変わっていくのを、バスからぼんやり眺める景色の中に感じるのです。

さて、話は戻って今年のクリスマス、どんな本を手にしましょう。それぞれの心に住む、それぞれのサンタクロース。何年か前、バーバラ・クーニーが描いたこの物語に出会ったときから、このサンタクロースがわたしの心に住みついて離れません。クーニーも、ソーヤーもこの「みたこともないようなおかしな男」―大きなとんがりぼうし。まんまるいあから顔のまんなかに

は、プディングにのっている大きなプラムのようなだんご鼻。大きな耳——のローリン王をサンタクロースとして描きたかったかどうかは分かりませんが、雪深い北欧の地で、今も毎年人々を困らせ、喜びと驚きを与えていると素直に信じることができるのです。

『とってもふしぎなクリスマス』

ルース・ソーヤー　文
バーバラ・クーニー　絵
掛川恭子　訳
ほるぷ出版

※品切・重版未定
（2023年10月現在）

2000年 12月に
読みたくなっちゃった**本**

雪が積もった朝というのは、布団の中で目覚めたときに、もう特別な感じがします。「あっ、積もってるな」という、あの感じ。いつもと違う冷たい空気がピーンと張り詰め、部屋の中も心なしか明るく感じます。それとも、遠くでシャーシャーと雪を掻く音が、無意識のうちに夢うつつの頭の奥に響いていたのでしょうか。カーテンを開けて、積もっていることを確信すると「学校は大丈夫かしら」「雪かきしなくちゃならないかしら」という現実的な心配とは裏腹に、心の芯のあたりでは、どこかクスクスと笑いたくなるような気持ちがわき起こってくるのです。

ところで、ほんの二、三年前まで、雪が積もった日には、昼間からお風呂に入っておしるこを食べるものだと信じていました。どこの家でも、そうすると思っていたのです。子どものころ、雪遊びをして帰ると、「お風呂に入りなさい」と、必ず言われる。帽子、手袋、マフラー、靴下、たけのこの皮をむくみたいに着込んでいた服を次々に脱いでいく。ベシャベシャのパンツまで洗濯機に放り込んで湯舟につかると、ジンジンと電気が走っているような指先から徐々に解凍（？）されていくのを実感します。その後食べるおしるこのおいしかったこと。わたしの実家がたまたまそうだったと気付いた後も、雪が積もると古来ゆかしき日本の伝統のように、ついついお風呂沸かして、おしるこ作っちゃうわけです。

さて、そんなわけで、絵本『ゆきのひ』の中でピーターが、雪の中をつま先を外に向けたり中に向けたりして歩く場面、両足をゆーっくり引きずって雪の中に二本の線をつける場面、そして何より、あのパープルがかった美しいピンクのバスタブにつかっている場面を開く度、「わたしは、これを知っている！」と、思うのです。わたしの体が、そのときの音や、温度や、感触を「知っている」と、感じるのです。

残念なのは、子どもの頃、雪の中で「てんしのかたち」を作ったことが、なかったこと。でも、わたしの二人の娘は、ピーターが「てんしのかたち」を作る場面を開く度、そのときの音や、温度や、感触を「知っている」と感じているのだと思います。

2001年月に
読みたくなっちゃった**本**

『ゆきのひ』

エズラ・ジャック・キーツ　文・絵
木島始　訳
偕成社

節は約束を違えずに今年もまた巡ってくる。こんなに冷たい春の年にも隙を見つけてひっそりと、ゆっくりと、それでも着実に木々の梢に春の息吹を滑り込ませる。

桜が固い小さな蕾をつけ始めたのをご存知ですか？ この季節になるとわたしはいつも不思議に思うのです。桜はどうやって春の訪れを知ったのでしょう。風は相変わらず冷たく、向きを変えることなく吹き続けているというのに。まだ、雪が残る畑の片隅で、梅が小さな花をつけていたりすると、植物はエライなあと、心から感心してしまいます。

夏も秋も冬も、毎日の気温の変化や、微妙な風の吹き具合で季節の移行を実感しますが、春だけは、植物が先ず目覚めて、季節を動かしているように感じてしまうのです。「やや、桜が蕾をつけたとなると、そろそろ我々も柔らかい風にしなくちゃいけないね」みたいに…。でも、決してそんなはずはありません。わたしたちが感じないほどの微妙な季節のサインが、桜や梅や春一番の植物たちを起こしているに決まっているのです。うーん、やっぱり自然は偉大だ。

桜の蕾をみつけるとどきどきします。ああ、もう少しで春なんだとうれしくなります。肩をすぼめて、地面ばかり見つめて歩いていたわたしですが、どれ、ここはひとつ背筋をしゃんと伸ばして、木々の梢に目を配りながら、残りわずかとなった冬の風をまっすぐに受けて歩いてみましょう。

さて、2月の声を聞くと、やはり鬼のお話が読みたくなります。わたしの描く「鬼像（？）」は、威風堂々としていて、わずかな粗忽さと人間味を兼ね備え、かといって必要以上にウェットであったり、人間に媚びたりするようではいけないという贅沢なものです。この想いをちゃんと絵にしてくれたのが、降矢ななさんの描いた『まゆとおに』！ おはなしの中で、「おに」は、「まゆ」にやられっぱなし、すっかり三枚目となっていますが、それでも力強くたくましい「おに」のまんまでいてくれます。小

さな子どもから大人まで楽しめるのもうれしいところ。でも、「ま
ゆ」の正体を初めから明かしてしまうのがもったいなくて、最
後の最後までとっておきたいと思ってしまうのは、やはりわた
しのわがままでしょうか。

『まゆとおに』

富安陽子　文
降矢なな　絵
福音館書店

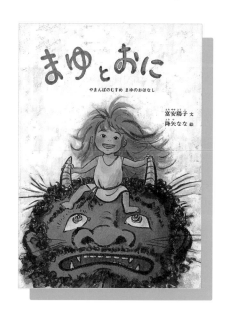

天井を歩いたことがありますか？　忍者のように逆さまになって、一歩一歩天井を踏みしめたことありますか？

なんとも気をもたせた書き出しになってしまいましたが、二人の娘はあるのです。ある時期、主人は月に一度のペースで出張に行っていました。二週間ほどの出張は、どことなく父娘お互いをよそよそしい存在に感じさせます。そんな気恥ずかしさも手伝ってか、帰ってくると先ず第一声は「さあ、天井歩くぞ」だったわけです。

子どもたちがとんでくると主人は一人ずつ順番に抱き上げて、わきの下をしっかり抱いて逆さまに持ち上げます。主人の頭の上で、娘はお腹にぐっと力を入れて足を踏ん張り、逆立ちのまま一歩一歩ゆっくり天井を歩くのです。

なーんだ、なんて言わないでくださいね。おとうさんの力を借りているとは言え、足の裏に天井を感じながら前に進んでいくのはなかなかに難しそうです。わたしは、それを横目で見ながら、「いいなあ、一回くらい天井を歩いてみたいなあ」となんとなくうらやましく思ったものでした。

さて、当然のことながら娘たちは、この仕事（？）をわたしには要求しません。あくまでも「パパ、天井歩かせて！」なのです。おとうさんっていいですよね。これひとつで「パパってこれ！パパってすごい！」と感じさせてしまうんですもの。わたしが、どんなにあくせくと世話を焼いてもこうはいきません。「なんとなくうらやましく」の中には、実は違ったジェラシーも含まれているのでした。

さて、大好きな絵本のひとつに『おちゃのじかんにきたとら』があります。とらがお茶の時間にやってきて、おやつばかりか家の中の食べ物、飲み物、水道の水まで飲みほしてしまうのですから大事件のはずなのに、ちっともそんな風じゃない。とらがとてもお行儀よく、その傍にソフィーがいつも寄り添っているからでしょうか。物語はたんたんと進みます。どんでん返

しも、奇をてらったことばもない。それでも本を閉じた後、わたしは、すっかり満ち足りた気持ちになるのです。
おとうさんの登場の仕方がまた素敵です。いかにも英国紳士という感じのこのおとうさんは、スーパーマンのようにさっそうと登場します。「おとうさんってこれ！」そう、おとうさんさえいれば何にも困ることはないのです。

『おちゃのじかんにきたとら』

ジュディス・カー　作
晴海 耕平　訳
童話館

おちゃのじかんに
きた
とら

作 ジュディス・カー
訳 晴海 耕平

つい最近まで、家族でキャンプによくでかけました。家族だけでキャンプに行くと、設営をさっと済ませて、あとはそれぞれぼんやり、のんびりくつろぎます。主人とわたしは久しぶりのゆったりとした休暇に乾杯し、だらだら、チビチビ、グラスを傾けて過ごします。鍋から立ち上る湯気をながめてはチビチビ。山間の木立のそよぎに耳を澄ましてチビチビ。特にすることもなく、ぼんやりとまたチビチビ。

自然の中に入ると、人はちゃんとおひさまに合わせてお腹がすくようにできているのですね。日暮れとともにランタンに火を灯し、早目の夕食に取り掛かります。お腹が満たされると、薪の赤い炎をながめながらチビチビ。炎の先に揺らめく、陽炎に心を馳せてチビチビ。パチっと音をたてて、夜空に舞い上がる火の粉を目で追ってはチビチビ、と主人とわたしはとどまるところを知りません。

そんなわけで二人の娘は、限りない静かな時の流れを使い果たす術を、自然と身に付けることになるのです。小さなキャンプの達人たち。木の実も木の葉も石ころさえ彼女たちの友だちとなり得ます。普段はケンカばかりの二人ですが、キャンプに来ると中睦まじく、次々に遊びを展開させます。

枝を拾って、マシュマロを刺して火であぶって食べる。外側のこんがりと中身のとろりとした焼き具合のタイミングが絶妙です。おそろいのフード付き白いセーターを着て、フードを頭からすっぽりかぶり、セーターの中にひざを抱えて足首まで収めると、雪だるま姉妹の出来上がり。赤い軍手のゲンコツを顔の前にかざして、まるで真っ赤なりんごで雪だるまに目を付けたみたいです。

いよいよ熱が入ってくると「かいじゅう踊り」が始まります。焚き火の周りを足踏み鳴らし、腕振り上げてのっしのっしと行進します。その姿がテントや、すぐ裏の山をスクリーンにして映るのです。火に近づくと影は一層大きくなり、まるで本物の怪獣のよう。山に映った大きな怪獣に狂喜して踊りはますます激しくなります。主人とわたしは、達人たちの妙技を横目で

見つつ、相変わらずチビチビと更けゆく夜を楽しむのです。

さて、絵本『かいじゅうたちのいるところ』では、センダックが
すばらしい「かいじゅうたち」を描いています。一度出会えば、
誰の心にも住み着いてしまう、すばらしい「かいじゅうたち」！
どの子ども部屋にもあんな「かいじゅうたち」が潜んでいて、
マックスくんの登場を手をこまねいて待っているに違いありま
せん。子どもたちは、ありあまるエネルギーを撒き散らして生
きています。世界中のマックスくんにはその本領を思う存分
発揮して、ときにはおもいっきり「かいじゅうおどり」を踊って
もらいましょう。帰るところは、ちゃんと決まっているのですから。

『かいじゅうたちのいるところ』

モーリス・センダック　作
じんぐうてるお　訳
冨山房

2001年 **4** 月に
読みたくなっちゃった**本**

かいじゅうたちのいるところ

モーリス・センダック さく　じんぐうてるお やく

けやきの若葉がつんつんと出る頃、小鳥が一羽けやきの枝に飛んできた。

小さな虫をちょんちょんと摘まんで食べたらね、若葉が一緒にちっちとちぎれていったって。

まだ、若ーい葉っぱだから柔らかくてね、

「こいつはなかなかおいしいぞ、ちゅん」

それに、ちぎれた葉っぱが、くりんくりんと春の風に舞うのが愉快でね、

「こいつを今日はみーんな落としてやろう、ちゅん」

小鳥は若い葉を一枚、ちゃっとクチバシでちぎってね、ちゅもちゅもっと噛んで、残りをプッと捨てたって。ちぎれた若葉はくりんくりん。

「こいつは、愉快」小鳥は次から次へと若い葉ちぎっちゃ、ちゅもちゅもプッ。

次から次へと若い葉ちぎっちゃ、ちゅもちゅもプッ。

とうとう、けやきの若葉一つも残らず散らしてね、小鳥は一等高い枝に飛び乗ると、

「どんなもんだい！」胸張った途端、ぼっ！次の若葉が木いっぱいに茂ってた。

小鳥それ見て「ぴー」っとどこかへ逃げだした。

まったく、五月の若葉というのは何という勢いで伸びていくものなのでしょう。風も雨もおひさまも味方につけて、音をたてていくようですらあります。以前住んでいた街には、隣の駅まで２キロほど、けやきの街路樹が続いていました。けやきは冬の間はすっかり葉を落とします。春になってポチポチと蒼い新芽をつけ始めたなと思ってからの早いこと。まさに一日で、葉の重みに木がたわんでしまうのです。

いったん、緑となったけやきの並木は本当に美しい。雨が降れば頭を垂らし、風が鳴ればバッサと首を一つ振り、再び晴れ渡った青空の下、間違いなくずんと一つ大きくなっている。わたしは、覆い被さるようなけやきのトンネルを車で走り抜けるたび、子どもたちを想います。彼らもまた、一雨降るとしょんぼりとして、自分の力で水跳ね除けて、晴れ晴れとしてわたしに語りかけるころには、確実にまた少し目線が近づいているのです。

さて、『十月はハロウィーンの月』は、January（1月）から

December（12月）まで、その季節の到来を一編ずつの詩で
綴っています。一編ずつを取り出して、詩集として楽しむこと
もできますが、全編を通してよんでみることで、冬から春に移
りゆく時のワクワク感や、夏が終わっていく時のしょんぼりし
た気分をそのページの隙間に発見することができるのです。
わたしのお薦めは、今の季節から詠み進めること。一年を
巡って再びその季節に戻ってくるころには、今ある季節その
ものが新鮮で、ありがとう！ と、感謝したくなる。
今は5月。何かを始めたくてドキドキするのも5月。何もしな
いことにドキドキするのも、5月なのです。

『十月はハロウィーンの月』

ジョン・アップダイク　文
ナンシー・エクホーム・バーカート　絵
長田弘　訳
みすず書房

十月はハロウィーンの月

ジョン・アップダイク　長田弘　訳
絵 ナンシー・エクホーム・バーカート

詩人が贈る絵本

子どものころ、叔父の一人に「歯抜けばばあ」と呼ばれていました。どの子どもたちにもそういう時期があるように、わたしも上の前歯が二本抜け落ちていたのです。この叔父は、我が家に時々やってきては、「よお、歯抜けばばあ元気かい？」と、屈託なくわたしの頭をなでるのです。わたしはその度に涙がちょちょぎれそうになるのを、ぐっとこらえたものでした。

そんなある日、わたしは一枚の写真を見て愕然としました。寝巻き姿のわたしが、布団の上に寝転がっています。起きぬけで髪は天井に向かってバサバサと立ち、すりむいた膝には赤チンが光り、朝の陽射しをサンサンと浴びているせいでしょう、全身が生白く輝いて、そのわたしが満面の笑みを浮かべているのです。笑みの中心には、歯がないために暗闇が広がり、その吸い込まれそうな暗闇は「妖怪歯抜けばばあ」と言われれば、確かに妖怪といえなくもない形相です。一週間ほど前に撮ってもらったその写真を母がどうして、アルバムの真ん中に貼ってしまったのか、小さなわたしはどうしても理解できませんでした。この写真は、絶対誰にもみせられない！ 写真の

上から紙を貼り、写真を封印してしまいました。それ以来、小学校を通じて笑った写真が一枚もありません。どの写真も口を真一文字に結んだまま、にっと微笑んでいるのです。

月日は流れ、わたしの二人の娘も無事に「歯抜けばばあ」の時期を通り過ぎ、他にも数多の「婆」「爺」を見てきたわたしは、最近になって例の写真の封印を解きました。いい笑顔ではありませんか。もちろん面白おかしくはありますが、それでも娘と三人、かわいいねえ、と素直に笑い合うことができる写真なのです。歯のない子どもの笑顔には、何か格別の親しみが感じられます。大人への第一歩を踏み出す前につかの間、赤ちゃんに戻った笑顔をみせてくれる。だれかれ構わず「こいつぅ」と頭をぐりぐりとなでたり、こづいたりしたくなってしまいます。あの頃の叔父のようにね。そう考えると、あの暗闇には、確かになにか妖気が漂っているのかもしれません。

さて、マックロスキーが、自分の娘たちの子ども時代を描いた『海べの朝』。おねえさんのサリーが初めて歯がぬけた体験が描かれているこの本を、毎夜のように開いていた時期があ

りました。とはいっても、わたしが読む文章とは違ったおはなしを、二人の娘は見ていたのです。サリーの小さな妹ジェインが裸になって歩いたり、ベンチの下のネコを追いかけたり、テーブルの上のミルク（おそらく）をこぼして、手をびちゃびちゃにしたまんま、ハイチェアから覗き込んだり。サリーのおかあさんは、ちゃんとジェインを横目で見ながらサリーのはなしに耳を傾けています。娘たちは肩を寄せ合ってジェインの様子に声を立てて笑ったものです。マックロスキーが描きたかったもうひとつのお話「広大な自然と愛すべき日常」を彼女たちはちゃんと読み取っていたようです。

『海べのあさ』

ロバート・マックロスキー　文・絵
石井桃子　訳
岩波書店

2001年 **6** 月に
読みたくなっちゃった**本**

トイレが怖いと娘は言います。いったい、あのトイレのどこが怖いのだかわたしにはわかりません。窓からは陽が燦々と降り注ぎ、何かが隠れる場所などもちろんなく、便器の中から手を出そうにも、ジャーっとレバーをひねりさえすれば、お化けも妖怪もアレーと声をたてて流れていってしまいそうです。

「ママの小さい頃のトイレなんてね、」わたしは偉そうに娘に言います。

「便器の中に穴が空いてて真っ暗闇だったんだよ」でも、これだってわたしの母の世代から見れば、いったいどこが怖いんだか、とため息を漏らすことでしょう。かつては、トイレは母屋のはずれにあったり、外にあったりしたのですから。

かく言うわたしも子どものころは相当の怖がりでした。「怪奇特集」などという字がテレビ画面に映っただけで、消して、消してと耳をふさいで騒ぎ立て、チャンネル（当時はリモコンなんてありません）にすら触れません。眠る時には、ほかの雑念が頭の中をかすめないように「怖くない、寝よ寝よ」と自分で作った呪文を唱えながら眠ったものです。どうです！ すごいでしょう。

ところがそのわたしが、夏毎に行った田舎の暗闇には、あまり恐怖を感じなかった。いえ、怖いといえばもちろん田舎の方がずっと怖いのです。家の中にも外にもいたるところに暗闇は広がっているのですから。けれど、その深くて静かな暗闇には、何かもっと神聖なものを感じていたように思います。身がきゅんと引き締まり、あの暗闇の中からわたしの手に負えない何かがわたしのことをみつめていても仕方ない、むしろ、何かに見守られているという感じすらあったのかもしれません。墨を流したような、あの暗闇に「本物」を感じていたのだと思います。

子どもはちゃんと闇をみつけます。現代のあの明るいトイレにすら闇を感じています。闇に何かを感じ、自分の手に負えない何者かにおびえるのです。こういう感情はなかなかいいぞ、とわたしは思います。わたしたちは、もっと目に見えない何かに震えたり、見守られたりしながら生きていくべきだと思うのです。できれば「本物」の暗闇の中でね。

『稲生物怪録絵巻』は、江戸時代に描かれた絵巻をもとに編集したものです。江戸時代の絵本とでもいいましょうか。享保の時代を生きた実在の人物、稲生武太夫（幼名 平太郎）が、16才のとき30日にわたって体験した妖怪談が日記の形で綴られています。平太郎の妖怪談が事実かどうか、もう誰にもわかりません。けれど、連日現れる妖怪のスケールの大きさ、ユニークな発想にはリアリテイを感じずにいられません。「本物」のにおいがぷんぷんします。

『稲生物怪録絵巻 —江戸妖怪図録—』
<small>いのうもののけろくえまき</small>

谷川健一　編
小学館

※『ぼくは　へいたろう』（小沢正・文　宇野亜喜良・絵　福音館書店）、『うさたろうのばけもの日記』（せなけいこ・作　童心社）は、「稲生物怪録絵巻」が種本となって作られた絵本です。

暑い暑い毎日です。夏というのは昔からこんなにも暑いものだったのでしょうか。どうもうまく思い出せません。けれども、夕方になって、すーっと涼しい風が吹き抜けた感触は今もちゃんと覚えています。どの家も日が翳った頃を見計らって庭の木に水撒きをしました。それから、バケツに一杯、家の前の道に打ち水をします。ジュッと音を立ててアスファルトから、土煙とも蒸気ともつかないものが立ちのぼり、雨あがりに似たにおいが辺りに広がる、このにおいが好きでした。

それから小さなわたしは、浴衣を着せてもらいます。白地に赤い金魚さんがついています。ショワショワと肌触りのよい帯を巻く。朱色にピンクが混じっていました。それから、黄色い長靴履いて…え?! いえいえ、おでかけといえばやはり黄色い長靴でしょう。仕上げにデパートの紙袋。え?! いえいえ、一番のおよそゆきにはやっぱり紙袋を下げなくちゃ。「散歩に行くよー」と声をかけられると、いそいそ、いーえ、ペタペタ

ずるずるとついて行くのでした。

金魚さんの浴衣、朱色の帯、黄色い長靴、デパートの紙袋持って、それから、首を嫌って言うほど右に傾け、突き刺さるくらいに人差し指をほっぺたに押し当てた、幾枚かの写真が、夏だって一日のおしまいは気持ち良かったよ、と語りかけています。

さて、絵本『花さき山』の中で「あや」が着ている着物には、一輪の大きな赤い花模様がついています。けれど、これは柄でなく、あやの心の中に開いた花なのでした。

山道で迷ったあやは、山一面に花を咲かせた、花さき山に迷い込みます。そこに住むやまんばが花の由来を語るのです。「この花は、ふもとの　村の／にんげんが、／やさしいことを　ひとつすると／ひとつ　さく」「おまえの　あしもとに／さいている　赤い花、／それは　おまえが／きのう　さかせた　花だ」と。

上の娘が小学校三年生のとき、おかあさんたちが交替で、クラスの子どもたちに絵本を読ませてもらっていました。学期の終わりに子どもたちが書いた手紙をもらいました。その中のひとつです。「わたしは、『花さき山』がとても好きになりました。わたしはひとつ良い事をしたのでお友だちが、ゆんちゃんの花が花さき山に咲いたよ、といってくれました」というのです。いい手紙でしょ。娘の書いた手紙でした。娘の心の中にも、そう囁いてくれたお友だちの心の中にも、花さき山は広がっているのだな、と思います。斜面一面に広がる、けなげでいて力強い花々の絵は、本を手にした人の心にすとんと降りて、時々ぽつっと花を咲かせていることでしょう。

『花さき山』

斎藤隆介　作
滝平二郎　絵
岩崎書店

2001年 **8** 月に
読みたくなっちゃった**本**

去年のちょうど今ごろ、引越しをしました。引越した次の日に、それまで住んでいた家の掃除にいきました。窓を開け放し、掃除機をかけ、雑巾がけをして、一通り掃除を終えて、それから…、畳の上に大の字に横になりました。もちろん、いい大人が引越しの最中に寝転がっている場合ではなかったのですが、でも、真夏の引越しは重労働です。しかも、カーテンも家具も襖もないガランとした部屋が妙にわたしを誘います。だいたい畳の上に大の字になるという行為自体、大きく育ちすぎたわたしには、なかなかできないことなのです。幸い5階の部屋は外からも見えません。そこで、クーラーの取り外し業者さんを待っている間、エイとばかりに寝転んでしまったわけです。一緒にいた娘にも「大」の字になってごらん。ちゃんと天井向いて、手も足も伸ばすと気持ちいいよと教えてあげました。

しばらくすると汗がひいて、住み慣れた我が家のにおいが、ふっと鼻をくすぐります。風がわたしの上を通っていくのを感じます。窓の外では相変わらずセミが鳴き続け、今まで気づかなかったシャーっと水を出す音や、遠くを走るバイクの音が聞こえてきます。夏の雲は悠々と窓の外を渡り続け、ハエが一匹迷い込んで、しばらく唸って、また他の窓から飛び出していく。業者さんがくるまでの10分ほどの時間をわたしは何も考えずただ目を開けて、耳だけ開いて過ごしました。

実はわたしにとって、こういう時間はとっても大切です。こんなときにこそ、いつもは眠っている、どこか違う脳みその一部が、静かに、でもしっかりと運動をしているのだと思います。こんな原稿もできちゃったことだし、思いもかけないいいアイディアが浮かんだりしてね。人間何も考えない時間は大事とばかりに今日もまた、ごろごろ過ごす一年後のわたしでした。

さて、ライオンもよい一日を過ごします。おとうさんライオンは子どもを引き連れてお気に入りの大きないわ山にやってきます。見晴らしがよくて、風がよくとおるし昼寝にゃ最高。モン

キーのたたく石だいこの音で目を覚ましたライオンは、夜が更けるまで、石だいこをBGMに風を感じ、草原をながめながらぼんやりと過ごします。一句ひねったりしてね。遠く草原では、食うか食われるかの死闘が今日も繰り広げられている。かあちゃんライオンだってしまうまを追いかけている。でもそんなものの何もかも風景として、ライオンは地球の時間を堪能している。

こんな絵本って、ちょっとありません。ページをめくるわたしの耳にも石だいこの音は響き続け、草原をわたる風さえも感じたような気になるのです。

『ライオンのよいいちにち』

あべ弘士　作・絵
佼成出版社

ズンチャズンチャ肉団子ブルース。という歌があったかどうかは定かではありませんが、おもわずブルースにして歌ってみたくなるくらい、小さいころ肉団子が大好きでした。

いつも、入れ替わり誰かが泊まりにきているような家だったからか、もしや、よもや、わたしがそれだけの数をお腹に収めてしまうのか、肉団子というと、とにかくたくさんのお肉の団子を母はいつも午前中に揚げていました。夜になってから酢豚のようにアンに絡めていただいたのでしょう。けれども、わたしの記憶の中には酢豚はまったくない、午前中に揚げる肉団子のみ、そのにおいまでくっきり残っているのです。

よく練り込まれたお肉たっぷりの具が、ゴルフボールほどの大きさにクルクルクルと丸められ、床に敷かれた新聞紙の上に並べられていきます。白い粉をつけて、もう一度新聞紙の上へ、それからいよいよ揚げ始めます。新聞紙を床に広げて、熱々の肉団子が延々と縦に横に行儀良く並んでいく様は、なんとも豪快で、やっぱり肉団子ブルースを歌わずにはいられない

気分（？）になるのでした。母が台所を離れる度に、おいしそうなところをひとつ、またひとつ、口の中に放り込みます。つまみ食いがみつからないようにコロコロと転がしては、肉団子の行列を整え直して…。

ああ、この新聞紙はいったいどこまで続くんだろう、テーブルもイスもどかせて、部屋中、肉団子の行列ができたらどんなにいいだろうと、お日さまでポカポカとあたたまった床に這いつくばって、熱々の肉団子を頬張りつつ、わたしは真剣に考えたものでした。

ところで、この肉団子のおいしさってどのくらいだったか想像できます？ やはり、筆では書き尽くせない。非力だなあと思います。それを「えにかけば　このぐらいの　おいしさ！」って、すんなり絵にしてしまったのが、五味太郎さんです。

絵本『たまごをどうぞ』の中で、おじいさんとおばあさんは、ちょっと変わったひよこを飼っています。このひよこが、にわとりになって、やがてたまごを産んでそのたまごでつくったオム

レツのおいしさを、「このぐらい…」と絵にしてしまっているの
です。子どもっていうのは、果てしない想像力を持っています。
一言で「おいしい」といっても頭に描くおいしさはみんな違っ
ているわけです。だから、ここは普通あんまり描かない部分
ですね。おいしさを限定しちゃうことになりかねないし。でも、
五味さんの「このぐらい」のページを開けてみせると子どもた
ちはぜったい「うわー、すっげー」と叫びます。期待を裏切ら
ずに、しかも、自分たちの想像を限定することもなく、心から「お
いしそー」と感じる絵がそこにあるからなんでしょう。うーん。
この絵本はほかにもびっくりすることがたくさん詰まった楽し
いおはなしなんだけれど、「このぐらい」の部分には、ほんと
五味さんてすっげー、とわたしも叫んでしまいました。

『たまごをどうぞ』

五味太郎　作・絵
佼成出版社

包帯巻くのが好きでした。病気のときのヨロヨロっとした感じもちょっと好き。怪我も病気も無いに越したことはないと判ってはいても、手に包帯を巻いてたり、ななにちゃんは、お風邪が治ったばかりなので優しくしてあげてね、なんて幼稚園の先生が皆の前で言うのを聞くと、いいなぁとホンのちょっぴりその子をうらやましく思ってしまう子どもでした。ホーンのちょっぴり。

どうしても手が痛いと言い張って、怪我もしていない手のひらに包帯巻いて幼稚園に行きました。大丈夫？ どうしたの？ と群がってきた友だちの前で、手が痛くてネ、と得意気に包帯取って、なんでもないじゃんと呆れられ、とってもバツが悪かった。転んですりむいたひじの傷がカサブタになったときは、腕の曲げ伸ばしが痛くって、腕が折れてるから手を吊って幼稚園に行くと騒ぎました。仕事中の父親に「そりゃ、手術だな」と電話口で言われてようやく包帯するのを踏みとどまった。

小学生になって、頭痛ということばを知ったときには、ああ、頭が痛い、くらくらする、あたしもうダメかも、と独り言いいながら目をつむって道路を歩き、家の近所の崖から落ちて隣の

おばちゃんに助けてもらいました。この時は本当に包帯も巻いたけれど、どうして足踏み外したのかは最後まで言えなかった。だから、大人になって『あたしも　びょうきに　なりたいな！』のタイトルを図書館でみつけたときは、おんなじ気持ちの子どもがいるんだと、とてもうれしかったのを覚えています。だって、それまで病気になりたいと思う気持ちってすっごーくいけない、許されない気持ちだと思っていたんですもの。

絵本にでてくるエリザベスが病気になりたかった理由は、わたしとはちょっと違います。病気になったエドワード（たぶん弟ね）が家族の皆に優しくしてもらうのを見て「ずるいなあ　もう！」と思うのです。だって、「エドワードは、おかあさんに　ごはんを　はこんで　もらってるのに、あたしは　おきて　ようふく　きなきゃ　ならないんだもん」宿題もピアノの練習もきんぎょやかめのエサやりもね。そこで、「あたしも　びょうきに　なりたいなあ！」となるわけです。この気持ちもよーくわかる！ よく考えてみると、誰にだってちょっとくらい病気になりたい気持ちってあるもんです。ああ、明日の仕事、嫌だ。病気になりたい。ここらでちょっとなよっとなれば、優しくしてくれるかも。

病気になりたい。いつもと違う自分にちょとなって、でも、長居は無用！そこから自分の力でよっこらしょっと立ち上がって、軽くお尻を叩いて新しい気持ちで日常へと帰っていく。
「それから　なんにちか　たって、エリザベスは　よくなりました」のページの彼女の顔を見てほしい。なんだか生まれ変わったみたいにまっさらな顔をしているでしょう？！
小さかったわたしも、手の包帯をはずして皆に呆れられはしたけれど、それで気が済んで、その後は、ぐちゃぐちゃっと包帯丸めてポケットに放り込み、一日中お友だちと鉄棒をしまくったのでした。まっさらさらの顔でね。

『 あ た し も　び ょ う き に　な り た い な ！ 』

フランツ・ブランデンベルク　作
アリキ・ブランデンベルク　絵
ふくもとゆみこ　訳
偕成社

2001年**11**月に
読みたくなっちゃった**本**

あたしも
びょうきに　なりたいな！

フランツ・ブランデンベルク さく
アリキ・ブランデンベルク え
ふくもと ゆみこ やく

12月の声を聞くとドキドキします。ツリーを飾って、ダンボール二箱分のクリスマスグッズを屋根裏部屋から引っ張り出して。家の周りのライティングこそしませんが、毎年少しづつ集めてきたたくさんの小さなサンタクロースやオーナメントを部屋のそこここに飾ります。転勤が多かったので、これはあの土地で買ったサンタだな、これを買いに行ったときはもう雪が降っていたんだよと、どのグッズにも思い出はぎっしり。まだ、赤ちゃんだった娘がサンタクロースと一緒に写っている写真（まあ、ラッキー！）、毎年ひとつずつ、通った文庫でもらった色とりどりのフェルトの小さな長靴、娘が初めてクリスマスにプレゼントしてくれた石ころ、幼稚園で作った折り紙サンタ、ケーキに飾られたツリーや天使まで、これらは山盛りのご馳走のように金ピカの小箱にテンコ盛り。常連のぬいぐるみや植木鉢にも赤いリボンをキュッと結んで、我が家のクリスマスシーズンが始まるというわけです。

それから秋の間に拾っておいた木の実で今年のリースを作ります。リースといっても、こんなわたしが作るんですもの。ぐるぐるっと丸めた剥き出しの枝に、赤い実やら、松ぼっくりやら、とんがらしがちょこんと付いた素朴なものです。うーん、でも、段々気分は盛り上がってきたぞ。

さあ、プレゼントの準備をしましょう。子どもたちへのプレゼントは本物のサンタクロースにお任せして、わたしが贈るのは本と生活必需品！ 来年使うカレンダーや買ってあげようと思っていた文房具、買い換えるつもりだったお箸。ほころびてきた靴下やパンツも！ 秋の間は待てるものはできるだけ待って、12月の到来と共にそれらをどんどん包みます。ラッピングしてリボンも結んで。クリスマスまでの日々をたっぷり楽しむ。プレゼントを開けるのって本当にワクワクします。どうせ、パンツだもん、と言いながらもうれしそうに包装紙をビリビリ破く。贈る側もシャンと背筋が伸びる気分。

日本人なんですからね。わかってます！ クリスチャンじゃないんだし。そのとおり！ ただ、このあたたかい季節が好きなだけ。思い出っていうのは、何か特別な事があった時にポン、と生まれるものじゃなくって、日々紡いでいるものなんだと思います。石ころや折り紙サンタと一緒にその時に紡がれた想いが蘇ってくる。パタパタと外に向かって走り続ける日常の中で、クリスマスを待つ季節だけは、紡いできた思い出と、今こうして紡いでいる、思い出となりうる何かの中にどっぷりと身を沈めてヌクヌクと過ごしたいと思うのです。

さて、今年贈る本は、『３びきのかわいいオオカミ』。表紙を開いて「見返し」を見ただけでウキウキします。「見返し」は、絵本においてはお話の入り口、作者の遊び心も入っている大事なページです。とばさないでじっくり見ましょ。イギリスの昔話「三びきの子ブタ」をモチーフに作られたこの絵本では、かわいいのがオオカミで「ふうーっとふいて、ぷーっとふく」のはおおブタ。オオカミは身を守るため、どんどん丈夫な家に造り替えますがことごとく壊されて。そこでふと、家を造る材料を間違えていたことに気付くのです。性悪なおおブタの表情を見るだけで充分楽しめるけれど、気がつくと作者のメッセージが心にすっと入り込んでいる。この絵本、贈ってあげたい大人たちがたくさんいます。

『３びきの かわいい オオカミ』

ユージーン・トリビザス　文
ヘレン・オクセンバリー　絵
こだまともこ　訳
冨山房

2001年 **12** 月に
読みたくなっちゃった**本**

2 分の1成人によせて

ゆんは生まれた時「オンギャー」と、産声をあげませんでした。ママの顔も見ないまま、集中治療室というお医者さんしか入れない部屋で、三日間たくさんの検査や治療を受けました。

ママはゆんに一度も会うことができなかったし、難しいお医者さんの説明も分からなくていっぱい泣きました。お医者さんが二日目に保育器の中のゆんの写真を撮ってくれたけれど、あんなに会いたかったゆんは、目が離れてて、口が大きくて、宇宙人みたい。パパもおばあちゃんも、まるでずっと前からの知り合いのように可愛い可愛いと言うけれど、ママはなんだか知らない人を手渡されたようで、この子を可愛がっていけるのかしらと、心配になったのを覚えています。でもそれは、おかあさんになったばかりの人が経験する心の病気なんですって。すぐ良くなるよと、お医者さんが教えてくれました。

元気になって退院すると、お医者さんに言われたとおり、ママはゆんが大好きになって、いつでも一緒にいるようになりました。

「2分の1成人」おめでとうございます。もう10才という気もするし、まだ10才という気もします。でも、考えてみたらママも

おかあさんになって、まだ10年しかたっていないということですから、失敗したり、ゆんと同じように、ドキドキしたり、悩んだりして大きくなってます。

ゆんの優しさは、誰がなんと言おうとママが一番よく知っているはずなのに、ほかの子が大人びてくるのをみると、つい、しっかりしなさいと、言ってしまう。そんな時、ゆんは本当にせつなそうな顔するよね。いずれ、大人になっちゃうんだから、楽しみながらゆっくり大きくなりましょう。「そんなこと私のほうがわかってる」と言われそうだけれど、ママが忘れていたら後押ししてくださいね。元気に一緒に「成人」を迎えましょう。そうそう、この前ママの友だちが、美人なおねえちゃんだねと、ゆんを褒めてくれました。宇宙人みたいだったゆんが、10年で美人になっちゃうんだから、あと10年したら、どんなすごい美人になっちゃうのか、ママは怖い!　　　　H 10. 2. 3.

上の娘が10才になったとき、学校で「2分の1成人」のお祝いをしてくれました。子どもたちは自分の歴史をひも解いて、成人の半分になったことを学習し、親子で記念の文集を作ってお祝いしたのです。当時の担任の先生に、おかあさんたちも子どもに手紙を書いて文集に載せましょう、と明るく言われ、

子どもと同じように「イヤン、恥ずかしい」と叫びつつ我が子への手紙を書いたのでした。そこで生まれたときのことを思い出しているうちに、母親としての自分がそのときに生まれたことに気付いたのです。なあんだ、何でも知っているような顔で怒っているけど、わたしだってあの娘と同い年じゃない、って。あの夏の日、わたしも生まれたてのおかあさんで、異国の病室で娘と変わらずビービー泣いていたのです。ほんの14年前のことでした。

「あなたのおかげで、わたしはおかさんになれたのよ。わたしのあかちゃん　ありがとう」これは、『おかあさんが　おかあさんになった日』という絵本を介して、長野ヒデ子さんが伝えてくれたメッセージです。時には立ち止まって、わたしもおかあさんになれたことの喜びをかみしめたいと思います。

『おかあさんが おかあさんになった日』

長野ヒデ子　作
童心社

我が家の前は畑です。少し高台に家が建っているので、台所の窓から道路を隔てて、一面の畑を見渡すことができます。今ならねぎや小松菜、夏には大きなすいかがゴロゴロと転がっているのが見えたりして。畑の片隅、道路の脇には、立派な梅の木が一本。その梅の木にまっさきに春がやってくるのです。ちょっと暖かい日が続くと、まだ一月のうちから白い花をつける。その後も、雪に身を竦めたり、おだやかな陽射しにまどろんだりと、とまどいながらもこの梅の木は、長いこと花を楽しませてくれます。わたしは毎日、そんな畑と梅の木に目をやりながら料理をしたりお皿を洗ったりするのです。

今朝は、畑に霜が降りました。雪が積もったのかと見間違うほどに畑一面まっ白くなって、相変わらず咲き続けている梅の花もびっくりしていることでしょう。その梅の木の横を子どもたちが、二人三人と連れ立って、小学校へと歩き行きます。それから、三人の女の子たちが、待ち合わせなのか梅の木の下でぺちゃくちゃとおしゃべり。その内に、中のひとりが柵の下からそっと足を突っ込んで、畑に降りた霜を踏み始めました。サクサク　サクサク、家の中でお皿を洗っているわたしの足

にもその感触が伝わってきそう。そうそう、わたしたちも子どもの頃には、霜踏みつけたり、氷割ったりしながら学校へと行ったものです。まだ、誰も踏んでいないところの感触を味わいたいから、どんどん、よその家やら畑やらに入り込んで。氷だって、アスファルトのちょっとしたヘコミにできたものを踏んづけたり、わざわざ、よそん家の池に張った氷、棒で引き寄せて学校まで運んでくる男の子だっていました。指先まで、真っ赤にしてね。

さっきの女の子たちも、ほら、とうとう我慢できなくなって、ひとりが柵くぐって畑に侵入。サクサク　サクサク少し歩いて、また戻ってくる。あ、もうひとり入った。踏まれた土も彼女の靴ももう、ドロドロに違いありません。わたしもお皿洗いの手をとめてしばし観賞。「こらー！」って誰か怒鳴らないかしら。怒ってほしいわけじゃないんです。でも、こういうのは、一発大声で怒鳴られて、きゅっと身が縮んで、それから、わーっと散り散りに逃げていく、そこまでで、ひとつのセットのような気がしてね。

さて、今日のところは、残念（？）、こらー！はありませんでした。女の子たちは、やっときた仲間と一緒にパタパタとランドセル

揺らして、学校へと駆け出していきました。ようやくさし始め
た冬の陽ざしの中で、梅の花もうれしそうに揺れています。
かすかな春の兆しを感じ始めた頃、開きたくなる本に『ねぼ
すけヤマネ』という写真絵本があります。ヤマネっていうのは、
ふさふさの尻尾を持ったねずみやハムスターを想像してもら
えばいいかしら。森の中に住んでいて、冬になると「毛糸玉み
たいに」まん丸くなって、木の穴で冬眠します。それが、いつ
の間にか寝ぼけて、雪の中にボテッと落ちて…。毛糸玉のま
んま、雪にうもれて春まで眠り続けるのです。絵本の中には、
そんな愛らしい「毛糸玉ヤマネ」の姿がたっぷりと詰まってい
ます。
表紙は、きれいなおひさま色。かすかな春のにおいさえするよ
うです。おひさま色の表紙にも、鼻ずらに後ろ足までくっつけて、
雪に埋もれて眠るヤマネの写真。どうか、手にとってみてくだ
さい。とにかく可愛いんだから。

2002年 **2** 月に
読みたくなっちゃった**本**

『**ねぼすけヤマネ**』

西村豊　写真・文
講談社

「2月14日に男の子にチョコレートをあげると、3月14日にキャンディをお返しにもらえるんだって」小学校5年生だった冬のある日、友だちが教えてくれました。なんともシンプルな情報でしょう?! わたしのクラスでのバレンタインデーの始まりです。

それはとっても楽しそう、というわけで、瞬く間に噂は広がり、わたしたちはそれぞれのバレンタインデーイブを過ごしたのです。わたしもお財布持って駅前の不二家に行きました。当時の不二家はちょっとしたよそ行きのお店だったのです。お店の中はお姉さんたちでごった返していて、わたしもドキドキしながら、ハートの形のかわいいチョコレートを買いました。大奮発してね。だって、駄菓子屋さんの袋詰のアメじゃなくって、すっごいおしゃれなキャンディがお返しにもらいたかったんですもの。うーん、この頃からすでに型から入るタイプだったのかもしれません。

2月14日、いつもはドッチボールで戦い続けているクラスの男の子に、襟首を掴まんとするような勢いで、「いい、3月14日にはキャンディだからね」と、半分脅しながらチョコレートを渡したのでした。「アンダースローのいもねえちゃん」などと、はやしながら女の子にボールぶつけてる彼もさすがにその日はタジタジ、しゅんとして(もちろん、ちっともうれしそうじゃありません)チョコレートぶら下げて帰って行きました。

さて、わたしたちが一ヵ月後をどんなに楽しみに待ったかというと、実はそうでもありません。バレンタインデーにエネルギーを使い果たして、一代イベントは終わってしまったのです。また、男女対抗ドッチボールで戦う日常へと戻っていったのでした。ところが、庭の花がポチポチと咲き始めたある朝、外に出たわたしは、新聞受けの上に紙コップが置いてあるのに気がつきました。紙コップにキャンディが詰まっていて、それをサランラップで包んで上の部分をリボンで結んである。おや、と思って見渡すと、見慣れた男の子がキコキコとママチャリこいで遠ざかって行くじゃありませんか。おーいと声掛けたら彼はわざわざ戻ってきて「学校行く前に、これだけ配らなくちゃいけないんだよ」と、かごの中を見せてくれました。かごの中には同じような紙コップが、5つ6つ入っていたように思います。がんばってねー、と手を振ると、それに答えるように片手放して手を振って、彼はそのままキコキコと坂を登って行きました。あれは、なかなかいいプレゼントだったなあ。やる気のなさそうな猫背の背中と、キコキコというママチャリの音、今も心に残っています。

あなぐまの「フランシス」のシリーズは、どれも楽しいお話ばかり。どこの家にもいますよね（少なくとも我が家にはいます）、こんな女の子。純粋で、しりたがりで、わがままで、ちょっとおしゃまなフランシス。彼女は毎日を存分に過ごしています。作り歌うたいながらね。

今回は、ボーイフレンドのアルバートとのお話。女の子ぬきの「たんけんデー」に出かけたアルバートに、フランシスも妹のグローリアと「おとこのこおことわり」の看板で対抗します。でも、最後にはちゃんとお互いの大切さを認め合いますよ。

わたしも、フランシスとアルバートに賛成です。男の子と女の子がいるって、ほんとに素敵じゃありませんか？！

2002年 **3** 月に
読みたくなっちゃった**本**

『フランシスのおともだち』

ラッセル・ホーバン　作
リリアン・ホーバン　絵
まつおかきょうこ　訳
好学社

さる作家大先生の家が近くにありました。車でちょっと行ったところ。この新聞「サマーサンタクロース」を何号かに渡って、その先生のお宅のポストに投げ込んでいたことがありますね。フフフ。

大先生のお宅といっても、大きな門がついていて、番犬がワンワン吠えている、なんていうわけではないのです。ポストだって楚々としたものです。ただ、一歩二歩と敷地内に入らないとポストまでたどり着かない。ちょっと、勇気がいりますね。たまたま、近くを通りかかって、読んでいただけるわけもないけれど試しに、まあ、ちょっと入れてみましょ、と投函したのです。もちろん悪いことしているわけじゃありません。それでも、車を2、3軒先に止め、お宅へ一歩二歩、三歩と足を踏み入れる。ポストのフタをちょっと押し上げ「サマーサンタクロース」を入れてフタを閉める。「カチャン」と冷たい音が静かな住宅地に響き渡ったような気がしてね。車までまた、ゆっくりとした足取りで戻っては来たものの、いざ乗り込むと大急ぎでエンジン掛けて車を出しました。何も別にそんなドキドキするようなことしたわけでもないのに、小心者なんですね。お宅の二階の窓がガラリと開いて、

「なんの御用でいらっしゃいますか?」なーんて、呼び止められるんじゃないかと、ずっと肩いからせていましたから。

曲がり角を曲がると、わたしは運転しながらも、おかしくて、おかしくて声をたてて笑いました。自分のドギマギした姿は滑稽だったし、でも、それより怖くて…。怖い時ってなんだか笑いがこみ上げてくるものなんです。こういうドキドキって何年も何十年も味わっていないように思います。

子どもたちが、よその家の呼び鈴鳴らしてサッと逃げるのって、きっとあんな気分なのかもしれません。これ、もちろんいけないことですけど。「ピンポンダッシュ」(そんな名前でしたっけ?)に限らず、子どもたちは大人であるわたしたちよりずっと経験が浅いのですから、常にドキドキの中で生きている。こういうドキドキ感と毎日向かい合って過ごしているのですね。すごい! 大口開けて、フトン蹴っ飛ばして寝ちゃうはずです。

ところで、翌月、翌々月と果敢にもわたしは先生のお宅のポストのフタを開けました。でも、それが限界。今は静かな毎日を過ごしています。

さて、ドキドキの後、悪いことをしちゃったことに気付いたとき
は、潔く謝りましょう!
「ごめんなさい」とね。実はこれがなかなか難しいんです。わ
たしなんて、ほんとに、ごめんなさい、の言えない子どもでした。
それで、ごめんなさい、と言えない大人になっちゃってます。そ
んな、わたしのために(あるのかは知りませんが)、とりあえず、
声に出して「ごめんなさい」と言ってみようよと、この絵本は
語ってくれています。
いろんな人や、いろんな物が、おもいっきりいろんなことして、
実にあっけらかーんと「ごめんなさい」と言っています。でも、
何度もページをめくっているうちに、「人生っていうのはさ、
もっと、いろんなことしちゃってもいいんだぜ」と、作者がニヤ
リと笑っているような気もするのです。

『ごめんなさい』

中川ひろたか　文
長新太　絵
偕成社

2002年 **4** 月に
読みたくなっちゃった**本**

「だるまさんがころんだ」という遊びがあるでしょう。この遊びの変型で、「だるまさんのいちにち」というのを、娘から教わりました。ご存知ですか? もしかしたら、横浜市立某小学校のみで、代々伝わってきた遊びなのかもしれません。

鬼は「だるまさんがころんだ」と言う代わりに、だるまさんの行動を唱えて振り返るんですね。「だるまさんが歯磨きした」とか「だるまさんがパジャマを脱いだ」とか。鬼じゃない子は、鬼が振り返ると、その動作を一斉にする。歯を磨くフリとか、パジャマを脱ぐフリとかしちゃうわけ。しかも、フリをしながらも鬼に近づいてタッチしようとする。鬼は、頃あいを見て「ストップ」と声掛ける。すると、パジャマ脱ぐフリしていた子たちは、そこでストップしなくちゃならない。パジャマ脱ごうと、片足上げた状態とかでね。動いた人は鬼につながれてしまいます。あとは、「だるまさんがころんだ」と同じ遊び方。

これ、見ていると非常におもしろい。「だるまさんがトイレに入った」なんて鬼が言うと、可愛い女の子たちが中腰で延々とカラカラトイレットペーパー取る動作してたりするんだもん。おもしろがって見ていたら、おばさんも一緒にやろうと誘われ

ました。それじゃひとつ、と仲間に入れてもらいましたが、やってみると思ったより難しい。フリしながら、少しでも鬼に近づいて、しかも、ストップできる心の準備も必要なんだから。第一こちらにはテレがあるので、笑ってしまったり、動きも今ひとつハリがない。そうすると、周りもなんか盛り上がらないわけです。

「おばさん、笑っちゃうとつまんないよ」子どもに怒られ、こちらも気を引き締めました。本気でお風呂に入ったり、顔洗ったりしながら少しでも鬼に近づこうと、にじり寄る。自然にテンポがでてきて、子どもたち、もとい、同志たちも力が入ってくるのがわかります。誰かがすごいポーズで鬼をひきつけている間に、ほかの子がぐっと鬼との距離縮めたりね。スピード感がでてきておもしろいの。わたしゃ、本気で遊びましたよ。人目なんか気にならない。汗かきながら、ガーガー、トイレットペーパー巻き取ったりしました。

ひとしきり遊び終えると、子どもたちは「タンマ」をかけて休憩します。地面に座り込んで噂話とかする。それから、どれいっちょ本気でやりますか、とまた遊び始めるわけです。これは「夢中で遊ぶ」というのとはちょっと違う。本気で遊ぶ。

本気っていうのは、おもしろくって、それでいてなんだかカッコいいんだな！

飯野和好さんもこの浪曲絵本を本気で描いてます。って、もちろん作家なんだから本気は当たり前ですが、絵本の中で本気で遊んでいる「気合い」のようなものが伝わってくる。1ページ目で「ねぎぼうずのあさたろう」が「あっ」と、感嘆ともため息ともつかない声を上げて目覚める絵を見たときに、そう直感しちゃったんですね。

で、こういう勢いのある本は、もうどんなに遊んで読んでも絵本が負けちゃうことはありません。浪曲はわからなくても節つけておもいっきり唸っちゃっていいんじゃないだろうか、と勝手に思って勝手に楽しんでます。本気でね。

『ねぎぼうずのあさたろう その１』

飯野和好　作
福音館書店

2002年 **5** 月に
読みたくなっちゃった**本**

「ピッチピッチ　チャップチャップ　ランランラン」
童謡「あめふり」(北原白秋 詞・中山晋平 曲)
の一節です。今回はこの曲にまつわる思い出。

その日、外は雨でした。じとじとした梅雨の雨。手芸店で刺繍糸を選んでいると、ダボダボの黄色いレインコートに長靴はいた2、3才の男の子が、おかあさんに手を引かれて入ってきました。まだ、わたしが高校生だった頃のはなし。

「ピッチピッチ　チャップチャップ　ランランラン」
男の子はこの節を大きな声で歌い上げると、身をよじって笑いだしたのです。お店にいる誰もが(わたしも含めて)振り返りました。だって、歌声の大きさもさることながら、本当におかしそうに笑うんですもの。ひとしきり笑い終えると、彼はまた、朗々とこの節を歌い上げ、歌い終えると身悶えして笑います。

「ピッチピッチ　チャップチャップ　ランランラン」
すっかりツボにはまってしまったようで、何度も歌っては笑い転げる。おかあさんもどうしていいかわからないといった様子

で、周りにいた人たちに頭を下げていました。お店の中にいた誰もが一緒になって、この節を口ずさんでいたように思います。笑いながらね。微笑ましい光景でした。じとじとしたその日の雨も、跳ね除けてしまうような出来事だった。

いったい彼は何がそんなにおかしかったのかしら。この節の持つリズム、口に乗せたときの心地よさ、唇の触れ合う感触や、舌が上あごにピッピとあたる感じも愉快でたまらなかったのかもしれません。擬音語っていうのはなかなかに楽しいものです。そういえば、雨降りにはたくさんの擬音語が隠れていますものね。しとしとと降り、ザーザーと降り、バシャバシャと降る。パラパラと傘に当たり、ポトポトと雫が垂れて、ピチャピチャと水を撥ね上げる、なんてね。

「ピッチピッチ　チャップチャップ　ランランラン」
音で聞いても心地いいけれど、是非、声に出してみて！ なるほど、あの日の彼の楽しさが少しわかるような気がします。

さて、それからわたしは雨の日が好きになりました。というのは、

あまりにも出来すぎでしょうか。でも、雨のうっとうしさや生活の不便さを嘆くより、雨にすっかり身を預けて擬音語の渦の中で「雨降り」を楽しむのも悪くないな、と思うのです。

絵本『おきにいり』の中の「たむくん」は、おかあさんに作ってもらった、さかなの着ぐるみがおきにいり。頭の先から足先までさかなになって、保育園（幼稚園かな）に出かけて行きます。子どもの姿でのたむくんは、始めと終わりにしか登場しないのだけれど、さかなの着ぐるみを着ていても、その中のたむくんの表情がちゃんと伝わってきて、とてもうれしい。
この絵本の中にも、たっぷり「雨の音」が入っています。さあ、楽しんで、楽しんで。

『おきにいり』

田中清代　作・絵
ひさかたチャイルド

野県の塩尻に田舎があります。中学校に上がるまでのほとんどの夏休みを過ごしたところ。

見渡す限り一面のレタス畑に風が渡って、その遥か向こうを蒼い山々がぐるりと囲んでいる。これは、わたしの中にある塩尻の風景です。そして、その風景におばあちゃんの声は重なっている。「陽子、いい子だなぁ」という優しい声。

わたしが塩尻を思い浮かべるとき、おばあちゃんの声は景色と一緒に蘇ってきます。ちょっと、しゃがれた声でね。まるで、おばあちゃんそのものみたいに、優しいんだけれど、どこか凛としていた。初めに声、それから、姿が浮かんでくる。白髪の頭をきゅっとおだんごにして、着物着て、もんぺはいて、白い割ぽう着つけて。腰が曲がっていて「く」の字より、もっともっと曲がっていて、その曲がった腰に手を当てては、ジャッジャジャッジャと庭の砂利踏みしめて、トマトやとんもろこしもぎに行ってた。

わたしと従弟は、庭でアマガエルに催眠術かけて遊んでいる。アマガエルを仰向けにしてお腹をさすると、しばらく動かなくなってね、それを「催眠術」って呼んでいた。それで、何匹も何匹も催眠術で寝かせたカエルを、庭石の上に転げていると、

おばあちゃんが通りすがりに声かける。

「陽子、楽しいかぁ」って。

「陽子、いい子だなぁ」って、あいさつみたいに声かけて、また、ジャッジャ　ジャッジャって畑に行く。

家の外に遊びに行こうとすると、おばあちゃんは必ず寄ってきて、

「陽子、いい子だで、村のしょ（村の人）に会ったら誰でも、お暑うございます、ってあいさつしてくれな」って、真顔で言う。

わたしは、とりたてていい子になりたいと思ったこともないけれど、おばあちゃんの「いい子だで」には魔法がかかっていて、むくむくっと優しい自分が顔を出す。根っからの塩尻っ子（？）みたいに、誰かが来ると、

「こんにちは」って、ちょこんと頭下げたくなる。もう、すっごくいい子になった気分。

さあ、いよいよ横浜に帰るということになると、おばあちゃんは白い割ぽう着のポケットから、ちり紙に包んだおこづかいをくれる。

「かあちゃんには内緒だぞ。陽子、いい子だなぁ。また、来いよ」って、ちり紙をギュッとわたしの手の中にねじり込む。

決して押し付けでない、独り言みたいな、たくさんの「いい子

だなぁ」の声。

絵本『ほろづき』を手にしたときに、「ユキ」が大きいおばあちゃんに寄せる想いと、わたしがおばあちゃんに寄せる想いが同じであることに驚きました。それぞれの子どもたちが、離れて住むおじいちゃん、おばあちゃんに寄せる想いはひとつなのかもしれません。景色に溶け込む声、声と一緒に蘇る姿。おばあちゃんの声は思い出というよりも風景のひとつとして、折に触れわたしの心に巡ってきます。人は死んで土に返るというけれど、今はもういない、たくさんのおじいちゃん、おばあちゃんは、その土地を豊かにする何かになって、土に積もっているのかもしれません。

『 ほろづき 月になった大きいおばあちゃん 』

沢田としき　作・絵
岩崎書店

2002年 **7** 月に
読みたくなっちゃった**本**

Ca美（キャビ）が家に来て二度目の夏となりました。大きく垂れ下がった茶色い耳（ビーグルですね）、首筋にはまっ白いふわふわの毛（キャバリアです）。そう愉快な表情のCa美ちゃんはミックス犬です。

これがまた手放しでかわいい！「うちの子」なんて、人にもつい言ってしまいます。あの小さな脳みそ一生懸命働かせて、首傾げたり、チョロチョロっと部屋を覗きにくるんだ、と思うだけで抱きしめたくなってしまいます。自分の中にこんな未知なる感情があったことに驚くばかり。とにかく可愛い。

さて、このCa美ちゃん、うちの主人にはもちろん平伏低頭、それだけ振り回しゃ、ちぎれるでしょという程にシッポ振りまくってご機嫌を伺います。主人の方も「夜中に帰ってきてもこいつだけは出迎えてくれる。まあ、俺との関係が一番深いってことよ。フフ」と不敵な笑みを浮かべる日々。

おねえちゃんは嫌なことがあると、「Ca美ー！」と叫んで抱きしめます。Ca美もそれに答えてペロペロと舐めまくる。「うん、うん、Ca美はちゃんとわかってくれる。Ca美ー！」と、何をわかってもらいたいんだか、また、首絞めんばかりに抱きしめる。下の娘はCa美に対して、やりたい放題、気分次第。それでも

Ca美ちゃんは精一杯。ブランコ乗せられても、滑り台滑らされても、トナカイに変装させられても、こんな刺激的なことしてくれるあなたが一番。ワンワン。遊ぼう！と、下の娘について歩く。一緒に暮らしているわたしの母、おばあちゃんもおんなじです。

各人が様々の思いをCa美にぶつけているようなのです。

まあ、実際のところは、パソコンの前に座ったわたしの傍らにいて、上目遣いで、がんばれ、ご主人さま！と密かなるエールを送ってくれているのが、Ca美の本来の姿なんだと思います。って、アレ？！わたしも人のこと言えませんね。

とにかく犬っていうのはそういう動物です。家族それぞれと特別な関係を築いて、家族それぞれと秘密を共有している。犬が健気なんだか、人間がおバカなんだかね。

さて、絵本『ジローとぼく』のおはなし。この絵本の作者、大島妙子さんの絵って本当にあたたかい。子どもを百人描いたら、その後ろにちゃんと百の家族が見えてきます。今回はその大島さんが犬を描きました。もう、この犬ったら下手な人間以上に人間みたいで、それでいて、やっぱりちゃんと犬なんだ

から嫌になってしまいます。

犬の「ジロー」は大きくなったので、庭に犬小屋を作ってもらいます。それまで毎晩、一緒に寝ていた「ぼく」が、最初の晩だけ犬小屋でジローと寝ると、翌朝二人（？）は入れ替わっている。「ぼくがジローで、ジローがぼくに」。

このお話を通して「ぼく」と「ジロー」の間には、もちろん会話はありません。でも、そこにことばが見えてきてしまうのはどうしてかしら。通じ合ってるって、そういうことなのかもしれません。

本を買ったときにうれしくて、オフトンに入って娘に読んであげました。読み終えると娘が一言、

「Ca美に会いたくなっちゃった」部屋のドアを開けて、入口で待っていたCa美を抱きしめ、毛布でくるんでグルグル巻きに。

Ca美もこの愛情に答えようと、もがきつつも舌出して、二人（？）は、見つめ合い一緒のオフトンで丸くなりました。

『 ジローとぼく 』

大島妙子　作・絵
偕成社

男の子ばっかり三人のおかあさんをしている友人がいます。一番上が高校生、次に中学生、三番目がユッキイです。このユッキイはどこから見ても女の子のように愛らしい。大きな目をクリクリと回し、肩より長い髪をヒラヒラと風になびかせ、今日もキコキコと三輪車をこぎ続けます。そう、ユッキイは今 2 才。その愛くるしい容姿をヨソに、なんとも男気のあるカッコイイ奴なんです。

その夜、わたしが彼女の家で夕ご飯をご馳走になっていると、ユッキイはうれしさに、すっかり舞い上がり（？）、食卓のイスの上に立ち上がって、ガオーっと雄たけびを上げました。ユッキイは時々猛獣に変身するのです。ゴリラのように胸をたたいて吠え続けます。だって、にいちゃんたちから我が身を守らなくちゃならないし（常に攻撃の対象となっている）、おかあさんのことだって、ナイトとなって自分で守ってあげようと思っているに違いないのです。ユッキイはそういうカッコイイ奴なんだ。ご飯なんかそっちのけ。にいちゃんが繰り出す「からかいパンチ」に反撃しながら、歌ったり、踊ったり、吠え続けていたユッキイですが、最後は興奮も手伝ってか、イスの上に立ち尽くしたまんまビービーと泣き出してしまいました。にいちゃんか

らは「うるさーい」と、「からかいパンチ」の嵐（愛情はたっぷりとこもっています）、ユッキイはビービーがワアワアに変わり止め処なく泣き続ける。男児三人の食卓っていうのは、こうもにぎやかなものなのでしょうか。

あーあ、こうなっちゃうと誰も止められない、と箸持ったまんま傍観していたわたしですが、わたしの友人である彼らのおかあさんは、自分の席につくと静かにこう言いました。

「ユッキイ、そんなに泣くとお外だよ。ユッキイかわいいから誰かがすーぐ、拾ってくれるよ」

すると、ユッキイはピタっと泣き止み、イスに座りなおすと、納豆ご飯をかき込み始めたではありませんか。

わたしはかつて、こんなチャーミングな叱り文句を聞いたことがありません。しかも、とっても怖いでしょ？！ 闇の中に放り出されて、どこの誰ともわからぬ者に手を引かれていく様は、北欧あたりの昔ばなしのようで、ちょっと想像してしまいます。

家に帰って、わたしもキーキーと怒鳴らずに、彼女のようにシュールな叱り方をしてみよう、と機会をうかがっていましたら、そんな機会は案の定すぐやってきました。

「買って買って、アンちゃんちはあれもこれもそれも、何でも買っ

てくれるんだよー。」
「そうだよね。じゃあアンちゃんちの子にしてもらっていいよ。みなちゃんかわいいから、きっと、すっごくかわいがってもらえるよ。」
11才になった我が娘も、ピタっと口を閉じました。お試しあれ！

さて、こちらはおかあさんにオモイッキリ怒鳴られちゃったペンギンくんのおはなし。
おかあさんの怒鳴り声がすごくって、「ぼく」の体はバラバラ、世界中に飛んでいってしまいます。このコワーイはずのおはなしが、とってもユーモラスに映るのは、もちろん、ユッタ・バウアーさんの絵が楽しいからに違いありません。
そして、もうひとつ！ どの家の子どもたちもちゃんと知ってるから。
「ママはほんとはぼくのことが大好きなんだ」っていうことをね。

2002年 **9** 月に
読みたくなっちゃった**本**

『おこりんぼママ』

ユッタ・バウアー　作　　小森香折　訳
小学館

月の美しい季節になりました。残念ながら、今年の十五夜はあいにくの曇り空でしたが、その二日ほど前に多少いびつではありますが、大きな白い月をため息と共にながめることができました。犬の散歩の途中、このときばかりは、いつものせわしい「時」を止めて、ゆったりと景色をみつめられます。「ああ、ほんとうにきれいだ」と、何度も月を見上げました。

絵本『つきよ』の中で、たぬきは月がすべって降りてくる光景に出会います。水の音の気配に大急ぎで行ってみると、こんもりとした森の中に池が広がっています。その池の中で浮いたり、もぐったり月は遊んでいるのです。月が遊ぶ池、そして、それを池のほとりでみつめるたぬき。たぬきはびっくりして、おなかをきゅうっとつかみながらも、池で遊ぶ月を見守り続けます。静かな時が、ゆったりと流れます。

子どものころは、あきれるほどの時間を持っていたように思います。忘れられないいくつかの月もある。田舎からの帰り、車の中から見た月。親戚の人を送った帰り、どこまでも追いかけられた月。その色、明るさまで覚えています。

でも、それは時間の長さではなかったのかもしれません。時間に換算すれば、ほんの数分だったのかもしれない。わたしは没頭する「時」を持っていたのです。じっとみつめ、ただながめ…する「時」。

それにひきかえ、今は一日中、何をしていても落ち着かない。次はなにをするんだっけ。お夕飯のお買い物はなんだっけ。仕事のこと、子どものこと、家のこと、わたしの頭の中はグルグルと雑多なものでうごめいています。人生における今がそんな時期なんだよ、と言われれば、それもまた、よしとしましょう。いつかまた、無限のときを感じて、月をながめる日がくるかもしれませんものね。

でも、こんな時期にも、時間をかけずに「時」をかけて、なにかをみつめることができればと思います。そうそう、犬のお散歩のときのように。きっと、月はかわらずそこにいて、わたしも

たぬきのように、おなかをきゅうっと、つかんでしまうのかもしれませんものね。

ところで、長新太さんは『つきよ』を描いた4年後に、ほとんど同じシチュエーションで、『つきよのかいじゅう』(偕成出版社)という絵本を出しています。こちらは、ナンセンス絵本です。個人的にはかなり好きです。でも、今回一緒に紹介しようかどうかは、結構迷いました。だって、心にシンっと月が入り込むような文章が書きたかったんだもん。

『つきよ』

長新太　作・絵
教育画劇

我が家の前の坂道を松葉杖ついた若者が歩いていきます。ジャージの上下、右足のギブスにビニルかけて、コンビニ袋下げて両腕に松葉杖、ブーランブーラン歩いていきます。

リハビリ兼ねてか、必要に迫られてか、だんだら坂をブーランブーラン。なかなかわたしの視野から消えません。やがて、彼は立ち止まると、タバコ取り出して火を点けた。空を見上げてなんともおいしそうに一服します。松葉杖に肩乗せて、立ち止まったままゆったりと。一服終えると、また、ブーランブーラン果てしない（？）旅へと向かい始めました。どれ、ぼちぼちいきますか、とね。

夕方の駅前、突然雨が降り出した。大粒の雨。渋滞に巻き込まれたバスの中から見ていると、灯かりがつき始めた夕暮れの街を、背広姿が、学生服が頭隠して駆け抜けます。ところがそんな中、背広姿の若者がひとり、悠々とお肉屋さんに入っていった。彼は焼き鳥を一本、肉屋の軒下で平らげて、それから肉屋のおばちゃんに頭下げて歩き始める。一層強くなった雨の中をそれほど急ぐ風もない。どうせ、濡れちゃうんだ。どれ、ぼちぼちいきますか、とね。

「あきらめる」という光景が割りと好きです。そういうわたしも今体こわして静養中。仕事をあきらめ、家事をあきらめ、本持ち上げるのをあきらめ、パソコンに向かうのをあきらめ、ひとつひとつ「あきらめる」作業を繰り返している。でもね、これは決して悲観的な作業ではないのです。ひとつのあきらめる作業の後ろには、今まで見えなかった新しい発見がある。秋の空の高さとか、夕暮れに食べる焼き鳥のおいしさとか…、ちっぽけな発見だけどね。でも、そこに向かってゆっくりと方向をかえてみるのもいいものです。それほど、急ぐ人生でもない。どれ、ぼちぼちいきますか、とね。

絵本『ぼちぼちいこか』は、いまえよしともさんの名訳で有名。「かばくん」はどの仕事もうまくいかない。でも、常に前向き、

風の吹くまま、飄々と。「ま　ぼちぼちいこか」となんとも粋なメッセージを与えてくれます。ただ、このおはなしばかりは関西弁が操れない自分がくやしくて。こどもたちと一緒にひざかかえて、関西弁に堪能な人に読んでもらって楽しむことにしています。

『ぼちぼちいこか』

マイク・セイラー　作
ロバート・グロスマン　絵
今江祥智　訳
偕成社

2002年 11 月に
読みたくなっちゃった本

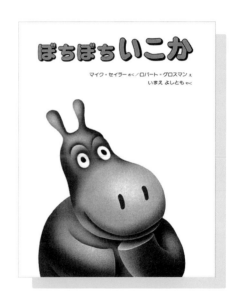

ぼちぼち いこか

マイク・セイラー さく／ロバート・グロスマン ゑ
いまえ よしとも やく

娘からの初めてプレゼントは、石ころにフェルトの耳、毛糸のしっぽをつけた「ねずみくん」でした。2才だったゆんがナーサリー（保育園）で初めて作ったクリスマスプレゼントです。

その頃、わたしたちはデトロイト—自然の美しい素朴な町です—に住んでいて、わたしが通った学校（セカンドランゲージのための英語の勉強）に隣接するナーサリーに、ゆんも通っていたのです。ああ、受け持ってくれた先生の名前を忘れてしまったことが、とても残念！ でも、先生の姿ははっきりと覚えています。顔より大きなメガネをかけて、浮き袋を二つ腰に巻いて（うそです）、そのたわわな腰をプルンプルンと振りながら、毎朝ナーサリーの入り口にやってきました。

「おはよう、ゆん！ 今日はどんな気分なノン?！」

唄うように話しかけます。どんな気分って言ったって、ゆんはわたしの腰に足をしっかり絡めて、威勢良く泣き叫んでる。まだ、ほんとに小さな娘ですもの。わたしもこれでいいのかしらと不安な気持ち。そのわたしの顔色を察してか、

「バイバイは笑顔でネン！ ヨーコの世界が待ってるように、ゆんの仲間も待ってるのヨン。さあ、楽しんできてネン！」

いかにもアメリカ人らしい口ぶりで、新米ママのわたしを（!）なだめ、わたしの腰に巻きついたゆんの手足を、一本ずつ器用にひっぺがすとドアを閉めてしまいます。ああ、可愛そうに、浮き袋二つ巻いた先生の腰に、ゆんの足は巻きつくはずもなく、そっくり返って泣くばかり。ゆんの姿が見えなくなると、わたしも諦めて自分のクラスに向かいます。

やがて、先生の言ったとおり、ゆんはわたしにバイバイと手を振って、自ら「ゆんの世界」へ入っていくようになりました。ホッ。

さて、クリスマスが近づいたある日、クラスを終えたわたしが迎えに行くと、先生はいつもの二倍は陽気に、プルプルプルンとやって来て、

「ヨーコー、今日はゆんからサプライズがあるのヨンヨン！」

そう言うと、「ねずみくん」を手渡してくれたのです。可愛いとは言い難い地味な色合いの「ねずみくん」。でも、すごーくうれしかった。その日、晴れやかな気分でゆんの手を引き、外に出ると雪でした。

今でもクリスマスグッズの中から「ねずみくん」を取り出す度に、新米ママのハラハラ気分や、唄うように語りかけてくれた先生の姿を思い出します。あの後、ゆんったら、降り積もった雪の駐車場で二回も転んで、わたしはたくさんの荷物抱えて大騒ぎしながら、ゆんを助け起こした、そのときの心の底から愉快だった気分もね。

絵本『サンタ・クロースからの手紙』は、トールキンがサンタクロースの名前で、クリスマスが来る度に、自分の息子たちに送った手紙で構成されています。「作家トールキンからの手紙」であり、「父親からの手紙」であり、そしてまぎれもない「サンタクロースからの手紙」なのです。15通の手紙は15年の実生活の積み重ねを物語ります。

トールキン（サンタクロース）は「さいごのてがみ」をどんな想いで息子たちに送ったのでしょう。壮大な物語を作りあげた喜びといつくしみ、それ故に一番素晴らしい季節に別れを言わねばならない悲しみ、その全てが伝わってきて、今の自分に重なり胸を打ちます。

ここ数年、わたしの娘たちの心の中に生じたサンタクロースへの疑問、いらだち、小さな失望は、わたしにとっても心の痛むものでした。けれど、これらの嵐が過ぎ去った後、娘は「サンタクロースはいる」と答えを出したのです。いくつかの優れた物語が、サンタクロースとは何か、をわたしと娘に教えてくれました。

『 サンタ・クロースからの手紙 』

ベイリー・トールキン　編
せたていじ　訳
評論社

記憶の糸をたぐり寄せて「初めて買ってもらったもの」として思い出せるのは、赤い色したトイレ用スリッパ！ です。ツルツルしたビニル製で、「リボンの騎士」の絵がついていました。それが欲しくて道路に寝転んだ記憶もないし、「リボンの騎士」というマンガ自体知らないのですから、おねだりして買ってもらったのではなさそうです。一人でお手洗いができるようになったわたしが冷たい思いをしないよう、母が買ってくれたのだと思います。あるいは小さなわたしが、大人用のスリッパを何度も便器に落としていたのかもしれません。ありえる！ 何といっても当時は、和式のボットン便所（？）でしたからね。

赤い子ども用スリッパと、大人用のスリッパが、トイレの入り口に行儀良く並んでいた景色を、今も思い出すことができます。買ってもらったその日の内に、何回となくトイレの前にしゃがみ込んで、並んだスリッパをながめていた自分がいたのも覚えています。その時わたしは、今まで感じたことのない妙チクリンな思いにぶち当たっていたからです。

「わたし」という存在に気付いちゃったのです！ 小さなわたしは、新しいスリッパをうれしい気持ちで眺めている内に、おや？

こっち（大人用）のスリッパは皆が履いてる、動かせる。自分だって履いていた。でも、この赤いスリッパは、わたしが履かないと動かないんだ、と思いついた。その途端、この世界（小さな小さな世界でしたが）には、他の誰にも入り込めない場所があるんだ！ とわかってしまったのです。この家には、パパでもママでもない「わたし」というものがいるんだ、って気付いたんですね。ザワザワしたものが胸に広がって、経験したことのない、置き去りにされたような気分を味わったのでした。筋道たてて認識したわけではないけれど、ぼーんやり「わたし」というものを意識した、最初の出来事だったんだと思います。

さて、そのリボンの騎士のスリッパですが、数日後にはあえなく姿を消していました。かたっぽだけでは役に立たない可愛そうなスリッパ。そう、リボンの騎士だって、ボットン便所にはかなわないのでした。どうも、あの便器またぐときがねぇ。

それにしても、トイレのスリッパきっかけに自分の存在に気付いたというのも、ちょっと恥ずかしい気がする「わたし」です。

子どもたちと一緒に絵本『わたし』を読むと、呼び名当てゲームのようで盛り上がります。「おとこのこから　みると…」「お

んなのこ！」「あかちゃんから　みると…」「おねえちゃん！」なーんてね。要求したわけでもないのに、子どもたちは自然と声をあげてくれる。でも、読み進めていくうちにこの絵本は、当たった当たったって喜んで終わっちゃう（場合もありますが）のではなく、あら？「わたし」って不思議！　と感じさせてくれるのです。

人はある時、ちっぽけな「自分」という存在に気付きます。誰にも代わってもらえない自分とは、何と孤独な生き物なのでしょう。けれど、人は、その孤独をうんとこせと背負い、そんなもの知りません、という顔で他人と関わっていくのです。「まごの　みちこ」になったり、「めいの　みっちゃん」になったり、「やまぐちさんの　したの　おこさん」になったりしてね。誰にも代わってもらえない自分とは、取りも直さず、かけがえのない自分でもあるのですから。

あっ！
スリッパ、ポチャン

『 わ た し 』

谷川俊太郎　文
長新太　絵
福音館書店

寒い季節に沢山の野菜を茹でるのが好きです。たっぷりのお湯を鍋に沸かして、カリフラワー、ブロッコリー、いんげん、にんじん、次々に茹で上げ、さっとザルにあげます。もうもうと湯気が立ち昇って、あっという間にガラス窓まで曇ってしまう。台所はにわかに活気づいて、おっ！ 冬だぞ、という感じがしてくるのです。

で、その茹でた野菜をたっぷり入れてクリームシチューを作ると、これまた「冬」を感じさせてくれるんですねえ。

クリームシチューは娘たちも大好物。好みのまったく違う二人ですが、クリームシチューというと、二人一緒にまずまずの笑顔を見せてくれます。そして、二人一緒に決まって、「ご飯入れていい？」と、聞くのです。恥ずかしーい！

でも、このおいしさは（熱くてトロトロ）わたしもよーく知っているので、よそでしちゃ駄目よ、と釘をさして、ゴーサインを出してしまいます。そして、わたし自身もときどきやる。へへ。

娘たちがクリームシチューにご飯入れて食べるのは、もう、間違いなく小さいころからの習慣です。まだ、二人が赤ちゃんだったころ、シチュー作ってはご飯入れて、にんじんもなんもかもスプンでつぶして、わたしが食べさせていたからです。小さなスプンに山盛りのっけて、フーフーさまして、「はい、アーンして。あーら、お口に入っちゃった」「おりこうだねぇ、またまた、入っちゃった。はい、モグモグしてえ」と、がんがん二人の口に押し込んでいましたから。

娘たちは、スプン山盛りいっぱいのシチューを口に入れる度、おりこうだねえ、大きくなったよお、と言われる。わたし自身、ほんとにそんな気持ちがしていたもの。娘が一回でも多く、アーンと口を開く度に、娘のポンポンと膨らんだおなかを見る度に、今日はよく食べたなあ、おりこうだったなあって、わたし自身が満足していた。食べること自体が、おりこうなことで、大きくなることで、生きてるってことだった。そんな時代がとても懐かしくて…。でも、本当は今だって何の違いもないはずです。「腹減ったー」と、二階から降りてくる娘の頭を、いい子いい子と、撫でてあげなくてはいけないのですね。

今夜はシチュー！

さて、おいしいものを作って食べるのが大好きなくまさんも、お鍋でシチューを作ります。そこへ、モモちゃんが「おきゃくさま」にやってきましたよ。ああ、小さいってなんていいんでしょう！

子どもであることが、うらやましくなってしまう絵本です。

このお話は、小さな子どもたちも楽しめるので、保育園など
でも語ったり、絵本で読んだりします。けれど不思議なことに、
子どもを囲んで一緒に聞いてくれてる、おかあさんや先生た
ちの方が幸せそうな顔つきになってくる。しみじみと頷いてく
れます。そして、頷きながら、暖かい眼差しで子どもたちを見
守り始める。そんな、おかあさんたちを見ていると、子どもの
いる生活そのものが、懐かしく、そして、うらやましく思えてき
ます。

人生の中の、陽だまりみたいだった季節を思い出します。

『 おいしいもののすきなくまさん 』

松谷みよ子　文
武田美穂　絵
講談社

上の娘が小学生のとき、わたしたちは彼女の通う小学校の真向かいに住んでいました。台所の窓を開ければ体操着姿の子どもたちが見え、出掛けようと玄関を出れば、向かいの教室から「おばさーん」と、知った顔が手を振ってくる。子どもたちの歓声に日々包まれて暮らしていたのです。三つ編みをピョンピョコ揺らして、無邪気に遊んでいた娘のクラスメートたちが、音立てんばかりに大きくなって、やがて、はにかんだ笑顔を見せる最上級生となっていく様を、我が子のそれと同じように目の当たりにしてきました。

さて、最上級生となり、半分大人の顔を持ち始めた彼女たちは、その実、とにかく、よく遊ぶ子どもたちでした。健全で健康な外遊び集団！砂埃の嵐の日も、夏の最中も放課後の校庭を駆け回り続けました。最上級となった女の子たちが、毎日毎日「マンホールふみ」（缶けりのような鬼遊びの一種）です！それは、流行ったとか、ブームだったとか、そんなことばでは片付けられない勢いのあるものでした。まるで、来たるべき何かに向かっていくように、彼女たちは体と頭をフルに使って、体よじって、汗だくで遊び続けたのです。線引きなどできるはずもない「子ども時代」に、終わりがあるということに気付いていたみたいに。

中学生になったらたっぷり遊べるんだから、今は少し勉強しなさい、と言うわたしに向かって、ある日娘は言いました。

「中学に行っても遊べるのはわかっているよ。でも、こういう遊びは今しかできないのを知ってる。だから、今、こうやって体を使って遊びたいの」真っ直ぐに言い放って、お日さまの降り注ぐ真夏の校庭に飛び出していきました。

彼女たちは、懸命に遊び、そして、ひとつの季節が終わったように、桜の咲くころ、各々の制服に身を包んで、それぞれの道へと巣立っていきました。

　　卒業　　さよなら三角　またきて四角

　　　　　　きのう　くぐった　この門が

　　　　　　きょうは　なぜだか　くぐれない

　　　　　　今まで　何百　くぐっていても

　　　　　　あしたも　遊ぼと　約束しても

　　　　　　それじゃあ　またねと　指きりしても

　　　　　　きのうは　くぐれた　あの門が

　　　　　　妙に　とおくに　移ったようで

　　　　　　知らない　誰かさんちに　なったみたいで

　　　　　　こそばゆくって　恥ずかしくって　照れくさくって

　　　　　　くって　くって　くぐれない

子どものころ、何かに夢中になったことはありますか? 何か
を懸命に育てたことはありますか?「育む」ということばが
合っているかもしれません。

アストリッド・リンドグレーンの『赤い目のドラゴン』を読む度
に泣いてしまいます。

子どもたちを前に語っていても、熱くなる想いを抑えることが
できません。わたしにとってのドラゴンは何だったのかしら。
あるいは、目の前にいる子どもたちの中には、どんなドラゴン
が住んでいるのかしら。ドラゴンに出会うことがあるかしら。
そう思うだけで、胸が熱くなるのです。

すべてはひとつところにとどまらない。人はそれをぼんやりと
感じていて、それでも、その永遠を信じて、生きているのかも
しれません。

『赤い目のドラゴン』

アストリッド・リンドグレーン　文
イロン・ヴィークランド　絵
ヤンソン由実子　訳
岩波書店

「デイビッド！」「デイビッド！」「デイビッド！」やることなすこと先生に注意され、それでもまた、デイビッドはやっちゃいます。学校でしてはいけないことを！溢れんばかりのエネルギーがそうさせているのです。何にもかにも一生懸命、夢中になっちゃっているんですよね。これも「ひたむき」と呼べるはず。この元気なデイビッドが大好きです。子どもが元気だと、先生も元気になります。先生が元気だと、子どもはもっと元気になります。そして、壮絶な戦い！が繰り広げられる。両者、ぜいぜいと肩で息し、なんでこんなことになるのかと疲れ果て…、でも、そういうのって「生きてる」って感じがするじゃありませんか？ よし、明日も学校に行こうってそんな気になる。

「デイビッド」がいる学校へ行こう！

さて、わたしのクラスにデイビッドはいたでしょうか？ 少なくとも、わたしはデイビッドではなかった。

給食のカレーうどんが大嫌いでした。ごめんなさい。でも、「カレーにはご飯」しか知らなかったわたしには、カレーうどんは想像を越えたメニューだったのです。小学校１年生のとき。それがきっかけで、カレーうどんに限らず、３時間目くらいに給食室から調理のにおいがし始めると、真っ青になってぶっ倒れちゃうようになったのでした。そして、毎日保健室に担ぎ込まれる。もう、学校に来なくていいですよ、と先生に言われました。

とくに理由もなく、学校に行きたくないとぼんやり思って、頭が痛いと休みました。小学校４年生のとき。なんだかいろんなものが色あせてしまったようで、何日間か何もしないで、アニメの「ニャロメ」を見て過ごしました。ニャロメを見ながら、わけもなくボロボロと泣きました。ニャロメなんてつまんない、と毎日テレビ見ながら泣きました。

ああ、人生っておもしろい！ そんなわたしが、いったいどうして、こんなに人に会うのが好きな！ 人前に出るのが好きな！ おしゃべり好きの！ おばさんになっちゃったのでしょう（泣き虫は相変わらずですが…）。なんにも決め付けることはないんだなと思います。わたしが変わったわけではなくて、いろんな「わたし」が、その時々に顔を出しているのだろうと思うのです。意地悪なわたし、泣きべそのわたし、孤独の淵から抜け出せない一人ぼっちのわたし、いろんな自分がその時々に、顔を出しているのだと思うのです。そして、そう思うとなんだか楽チン。

子どもたちは今日も学校へと向かいます。4月は始まりのとき
ですね。いつもの3倍ほどもテンション高く、大きな荷物は文
字通り引きずって、抱えきれなかったのか、防災頭巾なんか
頭にかぶっちゃったりしてね。おはし箱がカチャカチャ鳴る音
や、げた箱でスノコをパタパタと鳴らす音を想像すると、今の
わたしは楽しくなります。靴を取り出すときの、砂埃がモワッ
とした感じも懐かしさに満ちて心に蘇ります。4月にワクワク
している子どもたちも、心に憂鬱を抱いている子どもたちも
教室へと向かってほしい。デイビッドがいる教室へと向かっ
てほしい。

今日も一日が始まります。今日も、自分の中の「どこかの自分」
が顔を出すというわけです。なんにもないよりか、何かあった
方がずっといいんだよ！と、デイビッドくんのはにかんだ笑顔が、
言っているようですらあります。

『 デイビッド がっこうへいく 』

デイビッド・シャノン　作
小川仁央　訳
評論社

の季節が巡って来ると、手にしたくなる食材がいくつかあります。わたしの胃袋も食べたい食べたいと言っていますが、わたしの手が、どうです？ 今年もいっちょやりましょうよと腕まくりするのです。

タケノコもそのひとつ。春がきて、八百屋さんの店先で、ちょんと右向いたり、左にわずかにカーブしたタケノコを見ると、寄ってらしてンと手招きされているようで黙って通り過ぎることができません。家に帰って、一番大きな鍋を取り出して、厚い皮をベリベリとむく。わずかに包丁で切れ目を入れて、糠と一緒に茹で上げます。タケノコ特有のツンとした香りが家中に満ちて、茹で上がったばかりの湯気上げてるところをちょいとお味見。

口の中にタケノコの香りが広がると、この季節がきたんだなあ、とわたしの腕も胃袋も満足します。

さて、娘たちが小さかった春の日にも、タケノコ茹でて、タケノコご飯作りました。夕方になると娘の機嫌が悪くなるので、三時ころからお夕飯の準備して…。ご飯の炊き上がったいいにおいがして、うまく炊けたかなと炊飯器覗いていると、ちょうだいちょうだい。

娘がわたしのトレーナーの裾を引っぱります。そこで、小さなおにぎり作って手の平にのっけてあげました。

「おいしい　おいしい」

娘はその小さなおにぎりを、両手で包むようにして、おいしそうにシャリシャリと食べる。そこで、わたしは思い出します。そうだ、しらすも買ったんだ。

「今日はパックに入ってるんじゃないよ、お手て出してごらん」

両手を重ね合わせたお皿の上に、魚屋さんの三角形に折った新聞紙の中から、しらす摘んでのっけてあげます。娘はそのまま両手を口に運んで、これもしあわせそうに食べる。

「おいしい　おいしい、お味見　お味見」

その笑顔をみると、つい、ひじきも炊き上がったよと、これもお手てのお皿にのっけてあげる。

「おいしい　おいしい、お味見　お味見」

まったく、「お味見」ということばは、なんて優しい響きなんでしょう。お行儀がよくないのは百も承知！ でも、重ね合わせた小さな手のお皿に、出来たてのお料理をちょんとのせてあげる度、お料理したことのしあわせを感じます。差し出された娘の手の平からは、食べることのしあわせが伝わってきます。

「お味噌汁にもタケノコ入れたんだよ」

少しよそってあげると、娘はお椀に頭突っ込むようにして、ふ

うふうを繰り返す。

「おいしい　おいしい、お味見　お味見」

結局わたしたちは、台所に座り込んで、おなかがいっぱいになるまで、「お味見」を繰り返しました。

お手てのお皿は、あの春の日を覚えてくれているかしら。食べることの楽しさを覚えてくれているかしら。そんな想いも手伝ってか、春が来て、店先でタケノコを見かけると、あの麗しのカーブを買ってしまうのです。

絵本『ちゃんと たべなさい』は、デザインがとてもポップ。見ているだけで楽しくなります。見返し（表紙の次のページ）もステキ。かわいらしい緑のドット模様です。でも、もしかして、これはデイジーちゃんが嫌いな、おまめの大群なのかもしれませんね。

デイジーちゃんはおまめが大っ嫌い。おかあさんは食べてもらおうと必死です。でも、何があったって嫌なもんはイヤなんだ！　おかあさんも実はそれを知っているのか、説得力がいまひとつ。ああ、デイジーちゃんも日本の食を知っていたら、もっとしぜんに、おいしい法則をみつけられたかもしれないのにねえ。お味見はおいしい！

2003 年 **5** 月に
読みたくなっちゃった**本**

『ちゃんと たべなさい』

ケス・グレイ　文　　ニック・シャラット　絵
よしがみきょうた　訳
小峰書店

実はまだ、バムケロ(バムとケロ)シリーズを読んだことがないのと、告白したわたしに、

「うん、あの世界には足を踏み入れない方がいい、ムフフ」児童書に妙に詳しい友人が不敵な笑みを漏らしたのが数ヶ月前。「ハマルと抜けられない！」というのが、彼女の意見です。その忠告に従わず、足を踏み入れてしまいました。ほーんの入り口ですが。彼女のムフフ、の意味が今わかりつつあります。(お、こんなところにもケロちゃんが…、と新たな発見に胸躍る日々)

さて、今回は、小さかったゆんちゃんみなちゃんのおはなしをします。

昨日のお熱は下がったけれど、今日はシトシト朝から雨降り。ゆんちゃん大事をとってお休みしましょうよと、幼稚園休ませました。

「今日お休みしますって言ってくるから、おフトンに入っていてね」

こんな雨の日はのんびり過ごすのも悪くないなあ。絵本でもゆっくり読んであげよう。久しぶりにケーキでも焼こうかな。と、どこかウキウキした気分で家に戻ると、

「おかえりなさーい」

病み上がりとは思えない元気なゆんちゃんの声が返ってきました。顔上げると、ありゃ、それはいったいなんのマネだい？

ゆんちゃんは、わたしのフレアースカートをドレスにして、頭にティアラ、でっかいイヤリングをブラブラ揺らして、廊下に飾ってあるホコリかぶったドライフラワーを胸に抱いて、玄関に出てきました。みなちゃんはドレスの代わりにエプロンを巻きつけられ、ぼさぼさ頭にカチューシャ二つ、ハートのネックレスを首からぶら下げ、ほっぺたは、なんと！ マジックでクリクリと赤ーくお化粧。どうしたの？ キミたち？？

「おひめさま」「おしめさま」

ああ、ゆんちゃんには、是非とも幼稚園に行ってもらうべきだったと、後悔したときには時すでに遅し。「ゆんおひめさま」と「みなおしめさま」は共に手をとり、さあ、まいりましょうと、白馬の王子様を探す旅に出かけてしまったのでした。わたしの描いたしっとりとした雨の一日はどこへ行ってしまったのでしょう。もう、ほうっておこうと、残っていたお茶わんを洗い始めると、

「ママも、おしめさまになる？」

いえ、結構ですと、黙々と洗い物続けるわたしのかかとに、なにやら冷たい感触が…。かかとからズンズン緑マジックの茎が伸び、葉っぱを広げ、わたしのひざっ小僧に大輪のヒマワ

リが咲きました。

「ママ、森ね。きれいな森だから大丈夫。ほっぺも塗ってあげようか？」

いえ、コケこっこー。丁重にお断りしたわたしを尻目に、二人の「おしめさま」は背中にぬいぐるみをくくり付け、ダンスを踊り続けています。けっきょく、最後には二人のリクエストに答え、わたしは王子様となって、華々しいレビューを踊ったのでした。

夕方になって、ゆんちゃんは雨上がりの空を見上げます。明日は幼稚園に行けるかなあ。ええ、ええ、絶対行ってもらいましょう。

夕焼け空が、さあ、明日からもまた、賑やかな日々が始まりますよと、告げています。

バムケロくんを見ていたら、とうに忘れていた十年も前の雨の一日が、甦ってきたのでした。絵本ってそういうもんです。ちなみに娘と楚々とケーキを食べるような、しっとりと落ち着いた雨降りの休日には、今もなかなか出会えません。

2003年 **6** 月に
読みたくなっちゃった**本**

バムとケロのにちようび

島田 ゆか

『バムとケロのにちようび』

島田ゆか　作・絵
文溪堂

見渡す限りのレタス畑、その遥か向こうをぐるりと囲む蒼い山々…。小学校4年生の夏を、わたしはひとり、おばあちゃんの家で過ごしました。ひとつ年上のきみ子ちゃんと2年生だった秀一くん、そこにわたしが加わって長い夏休みを過ごしたのです。夏毎に訪れていて、よく知っているつもりだった風景なのに、自分がその一員となると、まったく、違う色に見えてくる、その感覚を今も忘れることができません。でも、そんなことよりなにより、目下の課題は「生っちろい都会モン」と呼ばれないことに、全神経を集中させていたのだけれど。

小学校のプール開放に行きました。あれ、男子校だったっけ?と、目を疑います。だって、水着の子がいないんだもん。全員海パン! 5年生までは海パンでいいんだよって、キミ子ちゃんが教えてくれました。男の子も女の子も関係ない! 真っ黒い背中をお日さまにさらして跳ねています。かっこよかった。

夜は、キミ子ちゃんご自慢の子ども部屋で寝ました。紛れもない屋根裏部屋! 二階の物干し場から、家の外側に付いている(!)細いはしごを登ると、だだっ広い田舎の家の屋根裏に出ます。むき出しの太い柱、所狭しと資材が置かれ、肥料か何かの袋が積まれている。その隅に大きなベッドが、デン!と、ふたつ並んでいるだけ。その一角だけを照らすように裸電球が揺れていました。これが子ども部屋。どうです? すご過ぎるでしょ。

「おかあさんは上がってこれないんだよ」キミ子ちゃんは満足そう。闇はどこまでも広がって、昼間は決して姿を見せないであろう者が潜む場所もいたるところに広がっていて…。きみ子ちゃんはベッドの上に、少女マンガを山と積み上げてくれました。男の子の噂話をして(わたしよりずっとおませだった)、それから、そのマンガの本を、空が白んでくるまで、二人してむさぼるように読み耽りました。特にわたしは、闇に目を凝らすことがないように、夢中を装ってね。

昼間はキミ子ちゃんの友だちと一緒に遊びます。

「こんにちは、よろしくね」なんて、あいさつはなし。彼女らはわたしの方に、ちょっと目を移しただけで、すぐに自転車をこぎ出します。こちらは置いていかれちゃ敵わない。慣れない砂利道を必死で飛ばしてついて行きました。山は必死でよじ登る。カエルは手づかみ、トマトはずぼんでキュッキュッとふいてまるかじり。それから、ここでも男の子の噂話(やっぱり、お友だちもずっとおませだった!)。そんなふうにして、4年生の夏を夢中で過ごしたのです。色だけはぴっかぴかに黒光り、いっぱしの田舎の子どもになって、すっかり、たくましくなったわたしは、もう、ヘビだって、雷だって、お化けだって(ウソ)こわくない! 両親が迎えにくることになっていた日も、「もう、前

のわたしじゃないもんね」と、遊びまくっていたのでした。

夜になって、砂利を踏みしめる音をたてて、父の車が庭に入ってきます。待ちかねた家中の皆が玄関に飛び出して行きました。「いやあ、ご無沙汰してます」父の声をかすかに聞いたその途端、涙がでてきて、成長したはずのわたしはトイレにひきこもったのでした。10分も出られなかった！

一番好きな本はなんですか？ と聞かれたら、『しんすけくん』と答えてしまいます。子ども時代（そんなもんがあるとすれば）が、まるごと詰まっている気がするから。

「しんすけくん」は絵本の中でどんどこ自分をさらけ出し、その潔さに引き込まれているうちに、ついつい、こちらまで自分のことをさらけ出したくなるのです。おお！

子どもっていうのは、ひとりひとりちっぽけだけど、その中になんと、でっかいもんが詰まっているのかとおもわずにいられません。さて、大人のみなさん、ここで問題です。大きな地球とぼくのへそ、どっちがでっかい？ 答えは『しんすけくん』が教えてくれます。

おまけに、この絵本にはマニアックな贅沢がいっぱい詰まっているのだ。ウフ。

2003年 **7** 月に
読みたくなっちゃった**本**

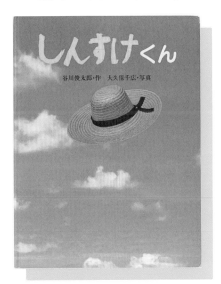

『しんすけくん』

谷川俊太郎　作　大久保千広　写真
サンリード

おばけの絵本は数々あれど、本当のおばけ、を感じさせてくれる本はなかなかないというのが、わたしの実感です。でも、ジョージーくんには本物のにおいがしますよ。彼は自分の仕事と、自分の時間をちゃんと心得ていて、むやみに人を怖がらせたり、ぐいぐい他人の生活に割り込んできたりはしません。しかも、おばけの誇りを持っている！ おまけになんともかわいらしい。ニューイングランドのちいさな村には、きっと、こんなちいさなおばけが住んでいるに違いありません。怖がりのわたしでも、ジョージーくんとなら、一緒に住むことが…、うーん、やっぱり、怖いからこの先は言わない！

6年生の夏休み、肝だめしをしました。クラスの男子が言い出して、担任の先生を巻き込んで、学校で肝だめしをしたのです。「学校で」というのがいいでしょ？ トビっきり怖がりのわたしは行きたくないなあ、やめようかなあ、と葛藤しつつも、好奇心は恐怖心に勝っていたのです。参加しました！
今より遥かに街は暗くて、夜の学校は校舎も校庭も真っ暗闇の中でした。その学校に集合し、ふたり組になって校庭だか、裏山だかをひと廻りしてくることとなったのです。場所の記憶が曖昧なのは、わたしが目をぎゅっとつむったまんま、耳は抑えて、親友の腕にぶら下がるようにして、その一周を果したからです。肝心の肝だめしの記憶は欠落してました。お恥ずかしい。ところが、全員が戻ってくると、
「ぜーんぜん怖くなくって、つまんねえ」
と、男の子が言い出したのです。怖くなかったよね、ほかの友だちも言いました。え？ そうだったの？ 怖くなかったの？ なにも見てないわたしは、ただただ、クラスメートの顔を覗き込むばかり。
「よし、それじゃあ、教室でもう一度、やろうじゃないか」
先生のヤケクソの提案にみんなは歓声（悲鳴？）をあげました。ひとりずつ、4階の自分たちの教室の黒板に名前を書いてくることになったのです。コ・ワ・イ！ わたしは潔く辞退しました。ちゃんと、身の丈を知っています。ハイ。
全員が戻ると、最後にみんなで黒板に書かれた名前を見に行くことになりました。わたしも再び、親友の腕にぶら下がって、上履きだけをみつめて階段を上ります。だって、ひとり残る方が怖いでしょ？ さて、懐中電灯で照らされた教室は本当に怖かった。黒板に並ぶ皆の名前。行ってきたと言いながら、名

前のない子もいたりして…。

すると、先生が突然大声で笑い出したのです。どうしてかって言うと、一番強がっていた男の子が書いた自分の名前が、小刻みに震えていたから。ハハハ。皆も笑いました。彼はケッ、と横を向いたまんま。どんどんと笑い声は大きくなって、暗い夜の教室で、わたしたちはおもいっきり笑い転げました。皆の中に潜んでいた緊張の糸が、プチンと音立てて弾けたような笑いでした。

「怖かったねえ、おもしろかったねえ」

黒板の文字なんてどうでもよくなって、ただ、怖くて怖くて笑い転げたような気がします。怖いっていう感情はおかしいっていう感情を誘うモンです！ ホント。

帰り道、わたしは親友の腕にぶら下がることもなく、肝だめしに参加した誇りをもって、皆とワイワイ帰ってくることができました。だーれも、ついてきてなかったでしょうね。

2003年 **8** 月に
読みたくなっちゃった**本**

『 おばけの ジョージー 』
ロバート・ブライト　作・絵
光吉夏弥　訳
福音館書店

萩の花が散り始めました。家のガレージの上に、覆い被さるように枝を垂らしている萩の花です。さわさわと風になびく萩は、小さな花を枝いっぱいに次々咲かせ、それと同時に、次から次へと雨が降るように花を落とします。普段は枯らすのが専門、ほとんど植物の世話をしないわたしですが、萩の咲いている間だけは家を出る度、戻る度ホウキを手に落ちた花を集めます。

といっても、掃いている間にも、さやと風が吹けば、バラ バララ、さやさやと吹けば、バララ バラララ。際限なく降り続けるのですから、すっかり、きれいに掃こうなんて思っても無駄なこと。落ちてくる萩の花を、うとましく見上げても、これも無駄なこと。ただ、その時、自分の時間が許す間のみ、無心にホウキを動かすだけのことです。

わたしの父は庭掃除が趣味のような人でした。休みの日や仕事に出かける前、時間がある限り草をむしって、ホウキで掃いて、ていねいに庭掃除をしていたものです。椿などはそれこそ、父が掃いてる傍から、ボタン、ボタン、と落ちるのですから、全部落ちてから取ればいいのに、と子どものわたしは思ったものです。

でも、あれは、庭をきれいにするための掃除だったのではないんだな、と今は思います。ただ無心に手を動かす時間、シャッシャと、ホウキが地面を擦る音だけが響く時間が、父は好きだったに違いありません。わたしが知りえなかった父の顔が、そこにあったのだと思います。

時間というのは不思議なものです。父が亡くなって八年が過ぎました。いつも心にあるのに、泣いてしまいそうで口にすることのできなかった父のことを、今は懐かしく思い浮かべることができるのです。無心にホウキを動かして、萩の花を集めながら、父もこんな風であったろう、と懐かしく思い起こすことができるのです。シャッシャとホウキが地面を擦る音が、父の横顔を思い起こさせます。

『ぼくのおじいちゃんのかお』は写真絵本です。おじいちゃんのいろいろな表情が、ページをめくる度に現れます。白黒写真のおじいちゃんの顔に、文章は赤い文字で。この赤い文字が白黒のおじいちゃんの顔にとてもよく似合っている。でも、それがよけいに、おじいちゃんのせつない部分を、際立たせているようにも感じます。写真に写っているのはおじいちゃんの顔だけなのに、おじいちゃんの人生もちゃんと、納まっているのです。

『ぼくのおじいちゃんのかお』

天野祐吉　文
沼田早苗　写真
福音館書店

母のほうき。片方をわざと短かく切って。その方が隅まではきやすいのよと。

小さかったとき、ムーミンのぬいぐるみを自分の妹にしました。お誕生日に買ってもらったおしゃべりをするお人形が妹になったこともありました。子犬や子ブタのぬいぐるみを群れなして毎日連れ歩いたこともありました。

その時々でお人形が替わっても、小さかったころのわたしは、いつもお人形と一緒にごはんを食べて、ベッドに入り、その子の姉さんになって、あるいはかあさんになって、眠るときにはおふとんを肩までかけてあげていたのでした。おままごとのおにんぎょさん、としてでなく、ずっと一緒にいる友だち、あるいは妹として、わたしの傍にいてくれる誰かさんが必要だったのかもしれません。

これはきっと、わたしが一人っ子だったせいですね。わたしの二人の娘を見ているかぎり、ひとりになりたい気持ちはあっても、これ以上の誰かを求めているようには見えませんもの。二人が小さかったころだって、夕方家に帰ってくると、そのまま、おもちゃを引っ張り出して、結局倒れて眠るまで遊び続けていましたものね。

わたしの方は、夕方お友だちとさよならしたら、それでもう、その日はおしまい！

後は、付けたしのような時間が流れていたに過ぎません。その付けたしの時間の中で、わたしは大事な誰かさんと語り、遊び続けていたのです。内なる自分に心がドンドン、向いちゃっていたのでしょうか。暗ったのかなあ。

絵本『ロンパーちゃんとふうせん』のどこに惹かれるのだろうと、ずっと考えていました。

ロンパーちゃんは、街で風船をもらいます。「ゆびに　くくってもらって」「ふうせんは　ちゃんと　ロンパーちゃんの　おうちに　これました」

風船を見つめるロンパーちゃんの目には、幼い日のわたしの目が重なってしまいます。「ずっと一緒にいられる誰か」を見つめる瞳。もちろん、風船は風船のまま、ロンパーちゃんに何

も語りかけはしないのだけど、なぜか、ロンパーちゃんとの間だけに通じる会話を楽しんでいるようにも見えてきます。

きっと、わたしにとって、懐かしい時間の流れがこの絵本には詰まっていたのですね。「付けたしのような」なんて言っちゃァいけない。一握りの淋しさも含めて、小さなわたしにとっては大事な時間だったのです。こんなに小さいときから、人は「自分と一緒にいてくれる誰か」を求めているのかもしれません。

『ロンパーちゃんと
ふうせん』

酒井駒子
白泉社

2003年 ⑩ 月に
読みたくなっちゃった**本**

『サルビルサ』ってなんでしょ、これ！
　本を開くと、大胆な絵の中に「モジ　モジ　モジ」という台詞。次々に現れる不思議なことば（台詞）。意味を持たないことばが、読み進めるうちに意味あることばとなっていく。まるで、チンプンカンプンだった外国語が徐々にわかるようになるみたいにね。しかも、どういうわけか声に出して読みたくなる。そして、気づいたときには「サルビルサ語」をすっかり駆使し、自分のことばとして操り始める。「ことば」が「言霊」となる瞬間を捉えたような本なのです。難しそう？　いやいや、スズキコージさんですもの。とにかくおもしろい。

　娘たちが小さかったころ、毎晩一緒に絵本を読んでいました。子どもを追い駆けまわして終わるだけの毎日の繰り返しの中で、このひとときだけは、わたしにとって、おそらく娘たちにとっても、穏やかで、平和な時間だったのだと思います。
　さて、そんなある日、この母子平和なひとときの中に、ほろ酔い加減で帰宅した主人が乱入！
　一度たりとも絵本なんて手にしたこともない彼は、絵本『サルビルサ』を、わたしから奪い取ると、フトンに侵入！　嫌がる娘たちを抱きかかえるようにして、声高く読み始めたではありませんか。「モジ　モジ　モジ」
　ページが進むにつれ、彼は絵本に感情移入！　怪訝な顔をしていた娘たちも徐々に彼のペースにはまり込み、クスクスと笑い出します。
　彼はますます声を張り上げ、巧みに声色を変え始めました。そんなの反則だ！
　娘たちのクスクスは、やがてゲラゲラの大洪水へ。身をよじって笑っています。そんなにおかしいか？　いや、彼は台詞に合わせ、絶妙に娘たちのおなかにくすぐり攻撃をかけている！　卑怯！
　絵本はやがて、クライマックスをむかえ、彼は一声大きく「サルビルサ！」と叫ぶと、そのままゴロン、高いびきをかいて寝てしまいました！！

いまだに、娘たちは読んでもらっていちばん楽しかった絵本は、『サルビルサ』だったと言います。なんとも強引、反則極まりないパパの絵本読みに、娘たちはすっかり心奪われてしまったのでした。でも、これでいいんです。世の中のおとうさん！がんばって。子どもたちと絵本を楽しんでください。まずはこの『サルビルサ』で、スズキコージさんの世界にはまってみてはいかがでしょうか。

『サルビルサ』

スズキコージ
架空社

トン、なんだかとても懐かしい響きです。親指だけが分かれている手袋のことを、今でも「ミトン」と呼ぶのかしら？

記憶の糸をたぐり寄せると、毛糸でフカフカと編まれた小さなミトンを、幼かったわたしは持っていたように思うのです。仲良く寄り添う四本の指をミトンの中でモソモソと動かし、まるで小さな動物のように動くその手袋を、スリスリと頬にすり寄せた感覚を、今でも微かに思い起こすことができるから。ミトンは片方が迷子になってしまわぬように、しっかりと毛糸のひもでつながっていて、そのひもはいつもオーバーコートの衿の中に収まっていました。「ミトン」という響きそのものが、幼いわたしには新しく、どこか大人びた気分になったことも思い出します。

小さな子どもが五本指の手袋をはめるのは、なかなか大変なことですからね。あら、小指さんと薬指さんがおんなじところに入っちゃった、なんてね。そこで、ミトンの登場となるわけです。すっぽりはめて、それからオーバーコートを着せられて（ひもはキュッキュとコートの衿に押し込んでもらって）、玄関に座って靴をはかせてもらう。「おでかけ」という、これまた特別なことばと一緒に電車に揺られます。

デパートの屋上で大好きな乗り物にのっけてもらって、何かとってもおいしいものを食べる。フォークとスプンを使って。デパートの紙包みを抱え、帰りの電車に揺られ包装紙のにおいをクンクン嗅ぐ（包装紙のにおいが大好きでした！）。

紙包みを抱えるミトンの中の四本指は、しあわせ一杯にモソモソと動き回って、その小さな動物は、わたしの膝の上を自由に飛び跳ねたり、ほっぺたに擦り寄ってきたりしたものです。記憶の糸はたぐり寄せられるままに、どこまでもスルスルと伸び続け、あのころのくすぐったさや、においまで、わたしの元に呼び寄せたのでした。

『ミトン』という名の、まだ出会ったことのないはずのこの絵本

に、どうしようもない懐かしさを覚えたのは、この小さな絵本が、わたしの奥底で眠り続けていた小さな記憶を呼び覚ましてくれたからに違いありません。アーニャの赤いミトンが、仔犬となって動き出し、アーニャと一緒に遊び始めるその様は、わたし自身の持つ経験にほかならないのです。

ときに絵本は、決して目覚めることのなかったはずの、遠い記憶の道しるべにもなりえるのです。

『 ミ ト ン 』

ジャンナ・ジー・ヴィッテンゾン　著
レオニード・シュワルツマン　絵
服部美鈴　訳
河出書房新社

ミトン

ジャンナ・ジー・ヴィッテンゾン　さく
レオニード・シュワルツマン　え
はっとり　みすず　ほんあん

ВАРЕЖКА

河出書房新社

犬の性質ならちょこっとくらいはわかるのです。家にもいるし、子どものころにも飼っていたから。ちぎれんばかりに尾っぽ振る、どこまでも健気で忠実な生き物よ！ところが、猫となるとテンで想像がつきません。おいでおいでと声をかけても、ツンと澄ましてシランプリ。こちらから近寄ろうものなら逃げ出して、そのくせ眠ったフリして片目開け人間様の動きをしっかりチャッカリ伺っている、ってなところでしょうか？

だとすると…、そんな生き物、家にもいます！ ハイハイ。

「子ども」っていうのは、なんだかそんな生き物のような気がします。わたしのやることなすこと、ちゃんと見ていて、こちらが猫なで声出しているうちは、寄りつきゃしない。ソロリソロリ近づくと、うるさいとばかりにソッポ向く。それでわたしがあきらめて、子どもなんてどうせ離れていくんだモン、と自分のことに一生懸命になり始めたその途端…、ストンと膝の上に乗っかって、あるいは肩の上まで乗っかって、こっち向けと言わんばかりに大騒ぎを始めるわけです。どうです？ だいたいのところ当たっているんじゃないでしょうか。

そこで、わたしは自分のことはまた机の上に放っぽり投げて、子どもの頭なんかクシャクシャにしてやって、頬っぺたなんてキュウッと引っぱってやって、毛糸玉のようにもつれ合い、娘と一緒にゴロゴロとのど鳴らし、おもいっきりじゃれ合うことになるわけです。

我が家の子猫（いや、子ども）たちの場合は、それですっかり満ち足りると、また、「だーれもあたしに構わないでよ」とばかりに、お気に入りの陽だまりで好きなこと始めるわけですが…。一般的な猫っていう生き物もやっぱり、そんな感じなんでしょうか？

『わたしのねこちゃん』は絵と文がみごとにひとつになった絵本です。これぞ絵本！ 絵の上に文が乗っかっているんでも、文の上に絵が乗っかっているんでもない。お互いが気持ちよく、

ちゃんと主張し合ってる、そんな絵本です。
おまけにこの絵本、「ひげねこちゃん」の角度で進行し、同時に「わたし」の角度で進行し…、だけど、最後には「ひげねこちゃん」と「わたし」は、ひとつになって、いっしょくたになって、そりゃもうワクワクドキドキと…、心まで温かくなってしまう絵本なのです。それで、どうしてかなあ？ この絵本を見ていると、やっぱり我が子を思い浮かべてしまいます。

『わたしのねこちゃん』

かんなりまさこ　文
荒井良二　絵
福音館書店

2004年 **1** 月に
読みたくなっちゃった**本**

こ の絵本、近くに寄ってトクとご覧あれ！ 木の芽た
ちの顔・カオ・かお。春の息吹を感じます。少し離
れて耳を澄まして！ 小気味いい音に、春の訪れを感じます。
息をひそめている春、もうすぐやってくる春。
背表紙には「4才から楽しめます」の文字。いえいえご謙遜。
お話会では2才の子どもたちもうれしそう。帰りにはきっと、
おかあさんと木の枝のぞいたり、一緒に唄ったりするんだろう
な。パッパッパッパッとね。
ひとつの絵本で、季節に気づいたり、小気味いい詩の存在に
気づいたりする。何が入口になるかわからない。文学の入口、
芸術の入口、楽しいことの入口。

風変わりな叔父がいます。いえいえ失礼。小学校に上がらぬ
わたしの目に、そんな風に映っていたに過ぎません。今では
立派な大学の先生です。
どこか遠いお国から、何ヶ月もお船に揺られて日本にやって
きたこのおじさんは、鼻の下にお髭たくわえ、縦笛をいつも上
着のポケットに入れて持ち歩き、土手にはえてる草なんかも、
「陽子ちゃん、これ食べられるよ」と口に入れてモゴモゴさせ
たりするのです。
何日も何日も家にいて、綿入れのドテラ着てお相撲さんのよ
うになって歩きます。おかあさんがシロ（犬）用に、前の晩残し
た魚の骨で煮込んだご飯を「やあ、うまそうなオジヤだなぁ」
と言って、お鍋からそのまま食べたりします。
夜中になると、小さなスタンドひとつつけて机に向かい、分厚
い本を読んでいます。ボソボソと低い声で唄ったり、お経を
唱えたりします。それがフランス語の詩というものだと知った
のは、ずっとずっと先のこと。
怖いもの見たさも手伝って、わたしは夜トイレに起きだすと、
襖の隙間から、丸まったおじさんの背中を見つめ、ボソボソ
つぶやく不思議なお唄に聴き入ったものでした。
さて、この叔父が滞在する度、本を置いていったんですね。
「陽子ちゃん、これは読んでおいたほうがいいよ」とね。
『星の王子様』の原書、『リルケの詩集』『ギリシャ神話』など
など。わたしは小学生にもなってませんってば。そこで、文字
通り「積読（ツンドク）」になったわけですが…。

やがて、高校生になったわたしは、ほんとにほんとに何もすることがない時に、それらの本をただ文字を追って読みました。残念ながら、内容はひとつとして覚えていません。でも紛れもなく藤村も啄木もゲーテもヘッセも、「陽子ちゃん、これは読んでおいたほうがいいよ」の中から出会ったものです。

今でもこの叔父には、どこか遠いお国のにおいと、文学のにおいがします。それから、ちょっと変わった人だなぁ、のにおいも…ね。いろんなにおいを発するこの叔父こそが、わたしにとっての「文学の入口」であったのだと思います。

積ん読

『ふゆめ がっしょうだん』

冨成忠夫、茂木透　写真
長新太　文
福音館書店

「お」つんべこ」ということばが好きです。ことばの持つ響きそのものが好きなんです。このことば、聞いたことありますか？

おつんべこっていうのは、長野の方言で正座のことをいうのだと思います。わたし自身が子どものころに、両親の故郷で耳にしたことばなので、確信はないのですが…。

小さな子どもがチョンと正座することがあるでしょう？ そんなうしろ姿を眺めると、おつんべこということばがピッタリくる感じがするのです。頭の下にキュッとしまった首根っこ。ここは「ぼんのくぼ」と呼びますね。手はチョンとひざの上にのっかって。ああ、これは後ろからでは見えないけれど、両肩がわずかに上がっているからきっとそう。子どもは手をひざの上に置くと、なぜか肩が上がるんです。フフ。背筋ピンと伸ばして、おしりをわずかに突き出して、その下からは、行儀よくハの字に合わさった小さな足の裏が覗く。子どもはときどきこんな風にして座るもんです。で、この姿こそ、わたしにとっての「おつんべこ」。

さて、お話会でも最前列の子どもたちは、おつんべこで座っています。足出していいんだよ。疲れない？ と聞くけれど、なぜか、子どもはお話に聞き入れば聞き入るほど、おつんべこ。その後ろにはおかあさんに抱っこされ、あるいはまだ、ヨチヨチてくてくと、動き回るチビちゃんたち。わたしはお話をするお当番でないときには、おかあさんたちの中に紛れて、後ろからかわいいおつんべこを眺めます。

ひとりで聞ける子は前の方においで、と声かけても、おかあさんのおひざに張付いて離れられなかった子どもたちが、季節をひとまわりして、今じゃ最前列でおつんべこ。

「春になったら、幼稚園に行くんだよ」

おつんべこの背中が語りかけているようで、この季節になると、うれしいような、ちょっと淋しいような気持ちになります。

さて、絵本『はるのかだんで』は、ひらやまかずこさんの絵が楚々としていて美しい。「おかあさんのひざぶんこ」というシ

リーズ名も心から頷けます。

とても、控えめな本です。図書館の片隅にあったら見過ごしてしまいそうな本です。

まさしく、花壇の片すみで、ぽっぽっぽっぽっと花が咲いているような本なんです。けれど、本を開いてみてください。ひとまわりしてめぐって来たこの季節、春がどんなにうれしくって、くすぐったくて、あったかいかを、すぐに思い出すことができますよ。

みんなが心待ちにしていた春。はなも、はなあぶも、ありも、すずめも…、それから、おつんべこの子どもたちも！

待ちに待っていた春はもう、そこまで来ています。

おつんべこの ぼんのくび
少し猫背の うしろ姿

『はるのかだんで』

ひらやまかずこ
童心社

2004年 **3** 月に
読みたくなっちゃった**本**

はるのかだんで
ひらやまかずこ

覆いかぶさるようなケヤキの並木を通りを抜け、慣れ親しんだ建物の階段を上ります。ドアを開けるとあっちこっちと飛び跳ねる子どもたちの小さな靴。わが家のように上がり込み、右手にある部屋を覗くと…、いました、いました。いつもと変わらぬ三人のおばちゃん。この家のおかあさんの武本さん、大きなハートで包んでくれる大山さん、ウサちゃんのマグカップをとっても大事にしてる森田さん。ここがポレポレ文庫です。「ポレポレ」っていうのはゆっくりゆっくり、という意味ですよ。毎週水曜日、自宅を解放して本を貸し出す「家庭文庫」を開いてくれています。

さて、三人のおばちゃんは顔寄せあって何やら話し合っている。子どもたちの未来について語っているのか、最新の絵本情報の交換か…、そういうわけではなさそうです。あらあら、昨日スリッパ履いたまんま出かけちゃった話なんかで盛り上がってます。こらえ切れない笑いが三人の肩を震わせて…。

どうやらこの部屋には笑い袋が仕込まれているようなんですね。おばちゃんたち自身がいつもいつも楽しくって、おかしくってしょうがない！ でも、その楽しい空気が部屋中に満ちています。子どもたちはその空気吸って安心して絵本を広げ、その空気の中で本を選びます。それから、絵本を読んでもらう。小学生のお姉さんも読んでくれる、小さな小さなお話会。

五年前、少し離れた街に引っ越してからも、わたしは時折、ポレポレに行きたいなぁ、と呟きます。すると、かつてポレポレ文庫に通い詰めてた高二になる娘は、行こう行こう、わたしも行きたい、と声をあげます。二人でひとしきりポレポレ話で盛り上がり、なぜか笑い転げます。ポレポレに行けば、変わらない笑顔に会えるって、思っているんですね。ときどき無性に笑い袋を吸いたくなる。

世の中はめまぐるしい速さで動いています。わたし自身、次へ次へと、いつも何かに背中を押されている気がしています。それで、息苦しくなるとポレポレに行きたくなる。変わらず待っていてくれる場所があるっていうのは、子どもにとって、大人にとっても、なんて大切で、うれしいことなのでしょう。一度ちゃんとおばちゃんたちにお礼を言いたかったのです。いつも、ありがとう。

武本さんがポレポレ文庫を開いて十年が過ぎました。「変わらない」というのは立ち止まっている、ということとは異なります。何に背中を押されても、たじろがない自分を持っているという

こと。ゆっくりゆっくりでいいんだよ。そんなおばちゃんたちの声が聞こえてきます。

ぞうは毎朝自分のうんちを数えます。毎年ひとつずつ、ぞうのうんちは増えていって…、人生を折り返したぞうは自分の「人生」に気づくのです。
先日久しぶりに出かけたポレポレ文庫で、小学生のおねえさんが読んでくれたのが、
『ぞうのさんすう』でした。わたしは、まだミルクのにおいを振り撒いている若い命たちと一緒に膝を抱え、凛と透き通った若い声にこの絵本を読んでもらいました。生きるっているのはこういうことだよ、と生命力溢れる命から教わったようで、涙がこぼれました。

『ぞうのさんすう』

ヘルメ・ハイネ　作
いとうひろし　訳
あすなろ書房

※ポレポレ文庫は、1993年から2013年の20年間武本節子さんを代表にご自宅の一室を開放して毎水曜日に開いていた家庭文庫です。

2004年 **4** 月に
読みたくなっちゃった**本**

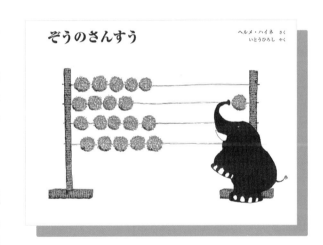

ぞうのさんすう

ヘルメ・ハイネ さく
いとうひろし やく

と てもとても、小さかったときの記憶。
　　家の裏の坂道を、母と手をつないで歩いている。
つないだ手と手が、ちょうどわたしの目の高さ。母の爪には
透明のマニキュアが塗られていて、わたしはそれが珍しくって、
親指でマニキュアをコリコリなでた。よく、見ようと顔を近づ
けると、母の手からはツン、ときついにおいがする。（今なら
キッチンハイターのにおいだって、ちゃんとわかるけれど…）
嫌なにおいじゃない。おかあさんのにおい。でも、何度もクン
クン鼻を近づけて、「くさい、くさい」と言った。
母は手を離そうと指を動かし、けれど、わたしはその母の手
をもう一度握りしめ、胸の奥までキッチンハイターのにおいを
吸い込む。
「くさい、くさい」それから、つないだ手をグルングルン揺す
ぶった。
あのときわたしは、とてもとてもうれしかったんだ。ちゃんと覚
えている。どこに行った帰りだったのだろう。お買い物か、お

散歩か、それはもう、わからない。でも、うれしかったって覚え
ている。なにがあんなにうれしかったのだろう。くさいくさい、
っていじわる言いながら…、でも、うれしくって、うれしくって、
うれしくって、じっとしていられなくって、両方の手で母の手を
握って、グルングルン回したんだ。
わたしの手のひらが覚えている、うれしかった記憶。
ときどき甦る子ども時代の記憶の断片。そのほとんどは、あ
そこに行った、こんなことしたっていう、脳のヒダヒダに刻み
込まれた、思い出としての記憶ではなくて、心臓がドクドク
いったり、手のひらが熱くなったりするような体の一部が覚
えている感触の記憶です。

k．m．p．さんのポストカードシリーズから作られた『おかあ
さんとあたし。』には、そんな記憶を呼び起こす瞬間がたくさ
ん詰まっています。
「おかあさん」と「ちいさなあたし」の何気ない日常の出来事

がイラストで綴られ、そのひとこまひとこまの積み重ねが懐か
しい時代を呼び覚ますのです。迷子になってどうしようもなく
不安になった胸の内や、泣きじゃくって息吸い込む度、胸が
ヒュウヒュウ音立てた、そのせつなさまで体に甦ってきます。
子ども時代、わたしはとてもちっぽけな世界にいたけれど、今
よりずっと、ものを感じていたのかもしれません。五感をビリ
ビリ震わせて、体中で生きていた時代。
そして、そこにはいつも、わたしを見守る「おかあさん」という
存在があったことをも、この本が語りかけてくれているのです。

『おかあさんとあたし。』

k. m. p.
ムラマツエリコ
なかがわみどり
大和書房

娘たちが小学生のころ、わたしの実家によく行きました。物心つく前から住み続けた家です。実家に行くと娘たちを連れて散歩にでかけます。

家の前を通りぬけ、坂を登りきったところが熊野神社の参道。境内でポンポンと手を合わせ、神社の石段を降りながら、向かい合わせにある「いの池」を眺めます。

「ママが小学校のときは、お池に河童がいたんだよね」

「そうだよ。ちゃんと、『カッパにごちゅうい』って、立て札あったモン」

わたしは今でも、なんとなく怖くて、この池に近づけません。だから、娘たちも遠巻きに眺めるだけ。下の娘がわたしの手をキュッと握りしめ、わたしもひんやりした気分になって、その手をキュッと握り返す。

それから、わたしが通った小学校へ。門は閉まっているけれど、よじ登って中に入れてもらいます。（いけませんよ！）上の娘は自力で這い込み、下の娘は抱き上げて…。（さらにいけません！）ほんの片隅で遊ばせてもらいます。

フト見ると、上の娘はグルングルン、ものすごい勢いで鉄棒をしている。わたしの大の苦手だった空中前回り。でも、この娘は鉄棒が大得意。

「アケちゃんがいたら、いい勝負だったかもね」

アケはわたしの同級生。正義感が強くて、スポーツ万能で…、カッコよかった。

「アケちゃんもいっぱい回る？」

「回る回る。そうやって、パンツ丸出しで、グルグル回るよ」

「こんなに、こんなに回る？」

「回る回る。髪型まで、アケとおんなじだ」

アケにも仲間に入ってもらって、ひとしきり遊んでから、再び門を乗り越え！ わたしたちは散歩の続きに出かけます。斜向かいの「横溝商店」をそっと覗いて…。

「ここのおばあさんが怖くてね…、わ！ まだ、あのばあさんいる」

三人で緊張しながらファンタのオレンジを買って、それから回し飲み。「横溝商店」は母に内緒で、初めて炭酸に出会ったお店です。

娘たちはこの手の散歩が大好きで、アケや横溝商店のおばあさんも、すぐ、自分たちの友だちにしてくれました。散歩と称して三人で、わたしの子ども時代を覗きに行っていたのかもしれません。河童が怖くて、鉄棒の苦手な「陽子ちゃん」は、

さてさて、娘たちの仲間に入っていたのでしょうか。
「それから？　それから？」娘たちはうれしそうに、わたしの子ど
もの頃の話を聞きたがります。「おんなじだね、おんなじだね」
そう言って、今の自分に重ね合わせ、自分という存在を確認
しているかのようでもあります。

絵本『とうさんかあさん』は、そんな子どもの「それから？　そ
れから？」がたくさん詰まった絵本です。わたしはこの絵本を
ながのひでこさんご自身に読んでもらいました。それが、わた
しとこの絵本との出会いです。とても、ラッキーな出会い！　今
もこの絵本を開くと、ながのひでこさんの声がちゃんと、聞こ
えてきます。ながのひでこさんの声は本当にあたたかくてステ
キでした。それはまさに、ご自身がお子さんに語りかける「か
あさん」の声だったと思います。

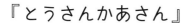

『とうさんかあさん』

長野ヒデ子　作
石風社

ずっと作ってみたかった「絵本」というものを、とうとう作りました！『ぴんぽん・ダッシュ』というのが、その絵本のタイトルです。えんちゃん、いしくん、という二人の男の子のいたずら物語です。どうです？ 読んでみたいでしょ。ああ、読んで欲しいなあ。

作りましたっていったって、かれこれ二年近く描いていたわけです。文章しか書けないの、絵は描けません、なんてエラそうなことを初めは言っちゃってね。でも、絵を描かなくちゃダメです、と絵本教室の先生はおっしゃいます。小学生以来ウン十年ぶりにエンピツ握って、わたしは何十枚というえんちゃん、いしくんを描きました。

お教室に持っていくと、全然話がわかりません、と先生に言われます。熟成させ（投げ出し）、また、何ヶ月かすると、性懲りもなく引っ張り出してスケッチしまくり、先生にみせる。全然わかりません、と呆れられ、また、熟成させ（葬り去って）…。それでも、最後まで作りあげなくちゃダメ、と先生はおっしゃるんですね。

今年の春になって、なんとか下絵は出来て、でも、色をつけなくちゃいけないんだもの。やっぱり、わたしにゃ一生かかっても出来っこない。それこそ絵筆なんて、ウンウン十年握ってないんですから。

ところがです。描き始めると気持ちよかった。ぐんぐん空を塗ってね。今年は夏が早く来たでしょう。その夏の空を絵筆片手に眺め、こういう空が描きたかったんだって突然気づいた。実はわたしが描きたかったのは、いたずら物語じゃなくって、子ども時代の夏の日だったんだということに、色をつけ始めて気づいたんです。

そうしたらもう、友だちの家の横で揺れていたヒマワリの黄色や、スッと吹きぬけた夕暮れの風や、ジージー降るように鳴いていたセミの声や、そういったものを形としてではなくて、想いとして絵に封じ込めたくなって、どんどん手が動いて、一気に描きあげちゃいました。いやあ、楽しかった。

今は、ことばや絵を整えているところです。もうひとふんばり。最後は鬼になりなさい、と先生はおっしゃいます。現実世界の方が強いんだから最後は鬼になって描きあげなさい、と。

わたしは鬼になれるでしょうか。
この「絵本教室の先生」というのが絵本作家の飯野和好さん。
わたしのお師匠さんです。

『くろずみ小太郎旅日記　おろち退治の巻』
初めてこの絵本に出合ったとき、わが娘は小学生でした。
毎晩一緒に何冊かの絵本を読んでいたころです。読み終えると娘はヘッ！？　と言いました。「ヘッ、こんな絵本あっていいの？」それまでの絵本選びに偏りがあったのかもしれませんが、それにしても、なんとも奇抜で奇天烈な絵本だと感じたのだと思います。
今でもときどき、本屋さんで、わたしたちは『くろずみ小太郎』を手にします。パラパラッとめくってうーッムと唸ります。あのときの、ヘッという気分を時々味わいたくなるのだと思います。

※『ぴんぽん・ダッシュ』は、いくつかの出版社をまわりましたが出版に至っていません。でも、そのときのご縁も重なって、今、絵本作家となりました。

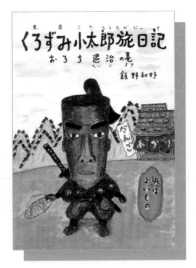

『 くろずみ小太郎旅日記
おろち退治の巻 』

飯野和好　作
クレヨンハウス

子どものころ、お盆には決まって田舎に帰っていました。いとこの家族といっしょにね。

夏休みが近づくと、その日程が決まります。うれしくて、待ち遠しくて、カレンダーに丸印をつける。

おかあさんと一緒に隣町の大きなスーパーマーケットで、山のようにお土産を買う。だって、おじさんおばさん、じいちゃんばあちゃん、それに従兄弟もいっぱい待っているんだもん。

このあたりから、一代イベントへの「胸の高鳴り協奏曲」が、ズズンガズズンガ…、イントロを奏でます。

さて、いよいよ出発！　まだ、暗いうちに目を覚ますと、広げた新聞紙の上にからあげ、えびフライ、卵焼き、おにぎりと所狭しとのっかって。ズズンガズズンガ…。

荷物とお弁当を車に詰め込んで、いとこの家族と合流。「胸の高鳴り協奏曲」はパンパカパーンと最高潮。車はスピードをあげて…、いえいえ、車はちっとも進みません。

まったく。昔の帰省渋滞というのは、ハンパじゃなかった。寝ても寝ても寝ても、おんなじ景色。裏道走ろうと高速降りてもやっぱり渋滞。退屈まぎれに道路を歩いても、車が追いつけなくて引き返す有様。

でもね、それでも、その全てが「胸の高鳴り協奏曲」を奏でていましたね。日常とは違う大イベントでしたから。

現代は毎日がお祭りみたいだと思います。楽しいことはいっぱいあるけれど、楽しみに待つことは減ったかもしれません。

指折り数えて「胸の高鳴り協奏曲」を奏でていた子ども時代が、とても懐かしく思えます。

『ソリちゃんのチュソク』

韓国の絵本です。どのページも楽しくって美しくって隅々まで命が通っていて舐めるように（失礼、お行儀が悪くて）眺めてしまいます。

チュソクは日本のお盆にあたります。ソリちゃんの家族もチュソクにおばあちゃんに会いに行きますよ。

韓国の街並なのに懐かしくて、韓国の帰省渋滞なのに頷けて、村も、人も、お祭りも、それにハルモニ（おばあちゃん）が帰りに持たせてくれるたくさんのおみやげも、わたし自身が子どものときに経験してきた田舎のお盆そのもののように思い出

され、胸が騒ぎます。

「もう いえに かえる日です」まだ、夜明け前の静かな村、台所のエントツから煙が流れて、裸電球ひとつ灯して、ハルモニ（おばあちゃん）はご飯を作っています。

帰っていくソリちゃんたちのためのお弁当かしら？ 朝ごはんかしら？

その一枚の絵に託された情景が、わたしが子どものときには計り知れなかった、「ハルモニ」の優しくて、せつない心を物語っているようです。

『 ソリちゃんのチュソク 』

イ・オクペ　絵と文
みせけい　訳
らんか社

※品切・重版未定
（2023年10月現在）

下の娘がおなかにいるとき、わたしはひたすら梨を食べました。つわりというのが産む日まで続いて、梨が食べたくて食べたくて、8月の終りから梨の出まわる間中、ひと盛買ってはシャリシャリシャリシャリ、気分が悪くなるまで食べ続け、トイレに駆け込んでまた食べる、というようなことを毎日繰り返していたのです。

そして、梨の季節が終わるころ、下の娘を産みました。今でも梨は大好きですが、いっぺんにあんなにたくさん食べることはできません。不思議なものです。

さて、イタリアの昔話に「梨といっしょに売られた女の子」(『みどりの小鳥—イタリア民話選』(岩波書店)に入っています)というお話があって、このお話をわたしは子どもたちによく語ります。

梨の木を大事にしていた男が、王様に差し出すことになっている、籠4杯分の梨がとれず、末娘を梨といっしょに籠に詰めて届けます。娘は、蔵の中でみつかって王様の台所で働くことになり、王子さまと仲良くなります。美しく成長した娘は妬みをかって城を追い出され、旅の末に王様と約束した「魔女の宝物」を持ち帰り、最後には王子様と結ばれるというお話です。このお話にはいたるところに梨がでてきます。

娘はペリーナ(小さな梨の実)と呼ばれます。

暗い蔵の中で「梨」を食べて生き延びますし、城を追い出されたペリーナは、歩いて歩いて、りんごの木を見かけても立ち止まらず、桃の木をみかけても立ち止まらず、「梨の木を見つけると、枝にのぼって、眠りました」というのです。とてもかわいいでしょ!

さらに、娘に知恵を授けてくれるのは「梨の木」の根かたにいた小人のおばあさんなのです。

わたしはこのお話が大好きです。

じゃあ、この話のどこに惹かれたの？ と聞かれたら、迷わず「梨の木をみつけて枝にのぼって眠ったところ」と、答えます。そんな単純な理由で「語る」お話を選んでいるの？ と聞かれそうですが、だって、そうなんだモン。お話が心に残る、語りたいというのは、どこかの部分が心にひっかかるということ。そのひっかかった（ドキドキしたり、うれしかったり、悲しかったり）その気持ちを伝えたいということなんだとわたしは思っています。梨の季節が来るたびに、梨の木で安心してスヤスヤ眠るペリーナを想ってクスクス笑い、梨を食べ続けた妊婦の頃の自分を想ってクスクス笑い、自分の中にあるそのクスクスした気持ちを伝えたくて、子どもたちに語り続けているのです。

※『梨の子ペリーナ イタリアのむかしばなし』として、2020年にBL出版より絵本が刊行されました。もうビックリ！ 絵は酒井駒子さん。とてもステキな絵本です。

『 梨の子ペリーナ イタリアのむかしばなし 』

イタロ・カルヴィーノ 再話
酒井駒子 絵
BL出版

年を重ねた人の生き様には、度肝を抜かれることがあります。

顔見知りのおばあちゃまが、あるときわたしに教えてくれました。

「あたしゃね、あと、やっとかなくちゃならないことが三つあるからね」

そう言って、おばあちゃまは、お墓の整理、今住んでいる家の整理、実家に預けてあるものを引き取って整理、この三つをあげてくれました。それから、おばあちゃまはサラリと、こう続けたのです。

「最近ボケてきたからね、紙に書いて、鏡の前に貼ってあるの」

スゴイ！ と、思いました。

まあ、大急ぎじゃないけどね、お迎えがくる前にやっとこうかなって思うことがある。で、その想いをいつも目の前にかかげて過ごしてらっしゃる、というんですよ。仏さまに近づいていく日々を見据えてらして、逆に「日々を生きてる」っていう感じがジワジワ伝わってくるじゃありませんか。

わたしなんて、白髪がでたの、シワ隠せのと、老いてく自分にジタバタ抵抗してばかり。ときを重ねれば、おばあちゃまみたいになれるのかしら。

フト、考えてしまいました。

大胆でいて、夏のお日さまみたい、というのが、わたしの中にある木葉井悦子さんの絵本のイメージです。でも、この絵本は、淡くて、繊細で、優しくて…。だからこそ、別の力強さでわたしの心に迫ってきます。

木葉井悦子さんは、この世にもういらっしゃいません。こ夏休みに娘とブラリと立ち寄ったトムズボックス（吉祥寺の絵本専門店）で、積まれていた、この絵本を手にとったとき、そのまんま動けなくなってしまいました。

なんだか、泣きたくなってしまった。

人が老いるというのは、どういうことかしら？ 死んでいくというのは、どういうことかしら？

「じいさま、きょうのことは、ずーっと前からきまっていました」

「ぼんさいじいさま」を迎えにきて語る「小さな 小さな ひいらぎ少年」を、「ぼんさいじいさま」は素直に迎え入れます。「ひいらぎ少年」と手をつないで、一緒に暮らした動物たちに別れを告げて歩き出します。

「お迎え」をすぐに迎え入れることができるのは、常にまっすぐ死と向き合っているということですね。

「ひいらぎ少年」と歩いていく「ぼんさいじいさま」は、土に返るというよりは、自然に溶け込んでいくようにわたしには見えました。

とても、せつなくって、胸が痛くて、けれど、なにより温かい風景がそこにあります。

春がテーマのこの絵本。でも、今すぐ紹介したかった。しだれ桜が咲くころ、また、開いてみてください。

　　*トムズボックスは、現在は古本屋さんになって西荻窪に移転しています。

『ぼんさいじいさま』

木葉井悦子
瑞雲舎

※トムズボックスで手にしたのはビリケン出版から復刊された
　絵本でした。現在は、瑞雲舎より再復刊されています。

娘の通っていた幼稚園では、この季節になると、近所の畑に出かけてお芋掘りするのが恒例行事でした。娘はもちろん、わたしも何日も前から楽しみにして、サツマイモ買うのを我慢します。泥んこのお芋を持って帰ってくるので、汚れてもいい布袋を作って子どもに持たせます。

さて当日、わたしゃ、欲ばりかあさんですからね！ 子どもだって入っちゃうような大きな大きなズタ袋を、鼻歌るんるんジャージャー縫って、娘に持たせます。

わが子は、欲ばりかあさんの娘ですからね！ 大きな大きなお芋、ズタ袋いっぱい掘って、鼻息荒く袋をひきずって帰ってきます。おお！ よくやった。わが娘！

ご近所、実家に配ったあとは、いよいよ腕まくりしてのお芋料理。ふかして食べ、焼いて食べ、トン汁にいれ、コロッケに入れる。その日から一週間ばかり、もう結構、ゲップ！ というまで、サツマイモ料理が続きます。

中でも忘れちゃならないのはスイートポテト。生クリームをちょっと入れると、甘くてほんとにおいしいの。娘は毎年ちゃんと覚えていて、今年もスイートポテト作ってね、と何日も前から約束します。だから、まっ先に作ってあげる。次の日のお弁当の隅っこにもチョンと入れて、昨日のうれしかったことを振り返って…。

さて、ここからは余分な話。

次の日、娘はうれしくってうれしくって、スイートポテト作ってもらった、とお弁当箱を先生に見せました。「みなちゃん、お菓子を持ってきてはいけません」

わたしたちの盛り上がり気分がシュンと消えた瞬間です。今ではそれも思い出だけど…ね。

『おおきな　おおきな　おいも』は実際の幼稚園での取り組みからできた本です。

「おおきな　おおきな　おいも」がどんなに大きいかって、赤羽末吉さんは何ページにもわたる二本の線だけで「おおきな

おおきな　おいも」を表現してしまいました。
ページを繰って、画面いっぱいに延びる二本の線を見る度に、
子どもたちはのけぞって、
「まだ？」「まだ？」「うへー、まだあ？！！」
「おおきな　おおきな　おおっきな　おいも」に魅せられます。
親子だけで読むにはなんだかもったいない。何人もの子ども
たちと一緒に「うへー」「ホゲー」と読みたい絵本です。子ど
もの中にある、無限の想像力を分けてもらいましょ。

『 おおきな おおきな おいも 』

赤羽末吉　作・絵
福音館書店

2004 年 **11** 月に
読みたくなっちゃった**本**

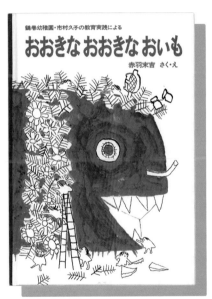

鶴巻幼稚園・市村久子の教育実践による
おおきなおおきなおいも
赤羽末吉 さく・え

小さかったときのこと、12月の声が聞こえると、母の故郷からは、大きなダンボールいっぱいの贈り物が届いていました。その頃はまだ、宅急便屋さんなんてないでしょ。大きなダンボール箱でのお届け物は、子どものわたしにとって、なかなか珍しいものでした。

ガムテープをベリベリと剥がすと、新聞紙に包まれて、たくさんの贈り物が顔を出します。果物の皮をはぐように、母とわたしは新聞紙をひとつずつはがしていく。

「あ、リンゴ！」

「あ、じゃがいも。こっちは…、また、リンゴ！」

白菜やキャベツ、ほかにもゴロゴロと野菜が飛び出して、それこそ宝探しみたい。うれしくって箱のあっち側こっち側と、ピョンピョン飛び跳ね、ひとつずつ新聞紙にくるまった荷物を取り出します。

「お菓子の箱。これ、手ぬぐい？ それから…、わっ！ 長靴だ」

クシャクシャしたキンピカの銀紙が一面に貼ってある、お菓子が入った長靴を、わたしはそのとき初めて見ました。「ク・リ・ス・マ・ス」ってことばも初めて知った。どうして長靴が片っぽ

しかないのか、とっても不思議で、来年になったら、長靴ふたつになる？ って何度も聞いて…。

さあ、そうなると、ダンボールなんてそっちのけ。キンピカの長靴のとりこになっちゃったのでした。キンピカの長靴が履きたくて、履きたくて、履きたくて…。来年になって、両足揃うまで待ちなさい、という母のことばを振りきって、母が出かけた留守にこっそり履いてみたのを覚えています。親指を丸めて…、爪先立ちで…、それから、長靴にカポッと穴があいて、底が破けた。わたしにとって初めてのクリスマスはあっけなく終わりを告げました。誰にも言えず、こっそり捨てたキンピカの長靴と一緒にね。

最近、年とったせいか、クリスマスなんて、ちっとも、うれしくなくなっちゃいました。あんなにクリスマス好きだったのに。家の周りのピカピカだって、日本にはぜんぜんお似合いじゃないし、街もどこもここも、うるさ過ぎるぞ、日本のクリスマス！でも、娘がぜーったいツリーを出さなくっちゃいやだ、というので、一日がかりでツリーを出して、オーナメント飾って、リー

スを作って…、そしたら、なんだか、にわかに楽しい気分に
なって、けっきょく今年のクリスマスも盛り上がっちゃったの
でした。

その娘たちが小さかったとき、お気に入りだったクリス
マス絵本があります。『サンタクロースとれいちゃん』。
「クリスマスの三つのおくりもの」シリーズの1冊で、れ
いちゃんがサンタさんの袋に入っちゃうお話。二人の娘
のお気に入り。どんなに好きかっていうとね、絵本に歯
形がいっぱい残っているの。ぬいぐるみを持って歩くみ
たいにいつもわたしのかばんに入れて。電車の中、病院
の待合室で。読むだけじゃなくて、かじって食べて。
　　　…いい絵本ってそういうものです。

『サンタクロースと
　　　れいちゃん』

林明子　作
福音館書店

サンタクロースとれいちゃん

林明子さく

子どものころの大晦日の過ごし方。
とてもとても忙しかった。人もお家も、町全体が、もうすぐ明ける新しい年に向かってパタパタとせわしなく動いていた。母の弟子のようになって、パタパタと家のことを手伝い、パタパタと買物に行かされた。
「あ、忘れてた。もう、一回行ってきて」
坂の下の小さな商店街に向かって、パタパタと走り、同じように走り回るクラスメートを見かけたりして…。
とてもとても忙しい。その一方で、町全体のパタパタ感を楽しんで、白い息を飛ばしながらパタパタと働いた。買物も掃除も、今よりずっと大仕事で、けれど、お正月さんがちゃんと残っていた時代。
さて夕方、やっとこ家から開放されると、わたしはまた、パタパタ坂を下りて、商店街の中にある本屋さんへ出かけた。「本屋さん」っていっても、文房具と一緒に、ひと棚、文庫本が並んでいるだけの小さなお店。そこで、月刊のマンガ雑誌『りぼん』を買う。それから文庫本を一冊。わたしが特別な読書娘だったわけではなくて、本屋さんの袋のにおいが好きだった

だけ。ひと仕事終えた後の(?)本屋さんの袋のにおいはまた、格別なんだ。
本屋さんの袋は薄っぺらな封筒型。広告が入ってる。本屋さんはどこもそういう袋だった。ギザギザになってる折り返し部分をペタンとセロテープでとめてもらう。わたしのことなど知ってもいないだろう店のおじさんに、今年もほんとにお世話になりました、とペコリと頭を下げる。イッパシのおとなの気分。年の瀬の街をパタパタと走って家に帰る。信号を待ちながら、本屋さんの袋のにおいをもう一度、すーっと吸い込む。うん、幸せ。冷たい息がこぼれる。一年のおしまいのおてんとさんが、空の端っこを赤く染めていた。

『あかいとり』という絵本があります。鳥の絵と、詩のような短いことばで綴られた絵本です。
巻末には、それぞれの鳥の名前と説明がついていて、美しい鳥図鑑のようでもありますが…、いえいえ、それにはとどまらない!
鳥はそれぞれ、体の一部に赤をぬっています。この絵本の鳥

たちは、その一点の赤から、冬の冷たさや、鳥たちのせつなさ、（あるいはその鳥を見守るあべ弘士さんのせつなさ）まで、強く語りかけてくるのです。鳥の絵本でありながら、冬を語っている絵本。

あべ弘士さんは旭川市旭山動物園の飼育係を25年勤められました。ああ、この人は鳥を、動物を「知ってる」と、いつも思います。それは生態とか習性とかだけでなく、鳥まるごとをしってる、という感じ。赤の深さや、まぶしさが、それを物語っています。

画家として、絵本作家として、だじゃれの天才（!?）としての、あべ弘士さんも大好きですが、わたしは「絵で詩を描く」あべ弘士さんがとても好きです。

『あかいとり』

あべ弘士　作
童心社

あかいとり

あべ弘士・作

は

るよこい　はやくこい
あるきはじめた　みいちゃんが
あかいはなおの　じょじょはいて
おんもへでたいと　まっている
（相馬御風 作詞・弘田龍太郎 作曲）

この歌を初めて聴いたのは、たぶん、とても小さかったとき。
きっと冬。窓から見ていた外の景色が灰色だったから。
昔むかしの子どもたちは、冬の間は一歩も外に出してもらえ
なかったんだと思い込んで、悲しい歌だと感じてた。春を待
つ歌なんだと気づいたのは大人になってから。
一番寒いこの季節に、なぜか春の気配を感じます。ああ、も
うすぐ春がくる。
「お話会」で月に一度、保育園に出かけます。月に一度のペー
スで、きまった子どもたちに会うのは、とてもおもしろい。子
どもたちがどんなふうに大きくなっていってるのか、目に見える
から。
4月、保育士さんに抱っこされて、泣いていた2才児が、5月
にはポカンと絵本をみつめるようになり、6月にはいっぱしの

保育園児となって、しっかりゴザの上に座っている。10月に
お話をするころには、「りんご、りんご」と得意げに声をあげ、
そして、ぐるり一年が過ぎて、先日『仔牛の春』を読んだら、
「ちょうちょ、ちょうちょ」と、指さして教えてくれた。
そこで、フト気がついたんですね。あら？　この子たちって、本
物のちょうちょ、まだ見たことないかもしれない。もうすぐ来る
「春」が、一回目の（認識の上では）春なのかも…。
そう考えると楽しみでしょ！　初めての春。ムフフ、春ってすご
いのよ。あったかくって、ポカポカで、いろんなものが目を覚ま
して…。
梅が咲き、そこここに陽だまりができ、蕾が膨らみ、やがて燃
えるように花が咲き乱れていく。そんな景色を、ひとつでも多
く見てもらいたいと思います。
へびも、とかげも、おたまじゃくしも、こいつら驚かそうと、今
ごろ穴の中で、夢見ているに違いないんだから。

この絵本のことをうまく説明できません。どんなことばを紡ぐ
より、まず開いてみてください！
こうやって春はくるんですよ。こうやって、季節は巡るんですよ。

そして、季節をひと回りして、自分をみつめてみると…、ほら、
どう！？
こんなふうに大きくなってるでしょ？ って…。そういう本です。

今年はたくさんの小学校で『仔牛の春』を読みました。読み
終えると子どもたちは、きつねにつままれたような顔をして、
「わっかんなーい、もう一回見せて見せて」と、本を囲みます。
絵本をバラバラめくる子どもたちに、おばさんはいらない一言
を囁きます。
「みんなもこんなふうに大きくなってるんだよ」
「ええ？ でも、角、はえてないよ」
子どもたちはうれしそうに、自分の頭をコリコリさすりました。

『仔牛の春』

五味太郎　作
偕成社

幼稚園の帰り、バスを待っていました。昔は今みたいに幼稚園バスなんていうのはなくって、普通の市営のバスに乗って幼稚園に通っていたのです。隣の家のあっちゃんと、それから、次のバス停で降りるエミちゃんと、ツヨシ君。

どうして、そんな意地悪な気持ちになったんだか、元々意地悪娘だったんだか…、そのときわたしは、あっちゃんにすっごく意地悪したい気分になりました。

「あっちゃんはまだ、指しゃぶりしてるんだよねえ」

バス停に並んでいるみーんなに聞こえるような大きな声で言いました。

あっちゃんは真っ赤になって、それから、下を向きました。それから、モゴモゴと、ようこちゃんだって…、と言いかけました。

「なに！」

そのあっちゃんをわたしはキッと睨みつけたのです。

まあ！ 根っからの意地悪娘。いやな子だこと！ いつもそんなふうだったのかは思い出せないけれど、たぶん、あっちゃんは同い年なのに、小さくって、優しくって、かわいいかんじだったから、わたしの中の悪魔が、時折顔を出していたのかもしれ

ません。（そういうことにしておいて）

そのとき、あっちゃんが言いかけたのは、

「ようこちゃんだって、スミちゃん、持ってるじゃない」

ということだった。たぶん。

そう、わたしはスミちゃんなしに寝られませんでした。スミちゃんは首の周りが、丸くくびれた、赤ちゃん用ボロボロ毛布。首のぐるりにツルツルの生地がついていて、そこをチュッチュしながら寝ていたのです。あっちゃんの指しゃぶりどころではない、家に帰れば、すぐスミちゃん、洗濯されれば、乾くまで物干し台の下で泣いてるくらい大事な大事なスミちゃんでした。あるとき幼稚園から帰ると、ボロボロのスミちゃんは、首のぐるりだけ残されて、捨てられていました。母はもういい加減、スミちゃんを卒業して欲しいと思っていたし、何より、本当にボロボロだったから。首のぐるりだけあれば用が足りると思ったのでしょう。ちょん切られたスミちゃんは、もうスミちゃんではなくなって、わたしは身を切られたように泣いて…、でも、案外あっけなく、首まわりのボロボロ布をそのあとすぐに捨てました。

あっちゃんの指しゃぶりも、わたしのスミちゃんも、赤ちゃんの世界、あるいは夢の世界の入口の部分だったのかもしれま

せん。怖いとか、寂しいとか、イヤだとか何もなくって、ただ、チュッチュチュッチュがある世界。
スミちゃんがなくなって、わたしにはたくさんの怖いものができました。

ニーナちゃんはとても、しっかりした女の子です。でも、おしゃぶりは必要不可欠。わたしと違って胸張って、「しょうともよ！ろんなとちも　くばえて　いくの！」大人になってもおしゃぶりは離さない覚悟です。さてある日、ニーナちゃんは、もっと、ぴったりした人におしゃぶりをあげちゃいました。そのあげっぷりったら！！　ニーナちゃんはおしゃぶりの役割をよーく知ってるんです。こりゃ、ほんとのしっかり者だわ。

『おしゃぶりだいすき ニーナちゃん』

クリスチーヌ・ノーマン・ビールマン 作
マリアンヌ・バルシロン 絵
やましたはるお 訳
佼成出版社

2005 年 **3** 月に
読みたくなっちゃった**本**

おしゃぶり だいすき ニーナちゃん
クリスチーヌ・ノーマン・ビールマン／さく　マリアンヌ・バルシロン／え　やました はるお／やく

上の娘ゆんちゃんが小学校に入った春に、仕事を始めました。下の娘みなちゃんが、幼稚園に入った春でもありました。

夏休み前、ゆんちゃんの初めての終業式の日、わたしは仕事が休めずに、ゆんちゃんにお願いしました。

「学校から帰ったら、みなちゃんをかなちゃんの家に迎えに行って、二人でおにぎり食べててね。そのころにはママも帰るから」

さて、わたしが戻ってくると、

「ママ、ママ」

大きな声に呼び止められました。見上げると、五階のベランダから柵越しに、ちぎれんばかりにふたりの娘が手を振っている。ふたりはそのまま、エレベーターホールまで飛んできて、交互に叫び続けます。

「ちゃんと、できたよ」

「おねえちゃんとたべたの」

「おばちゃんが、えらいねって」

「おねえちゃんがおちゃ、いれてくれた」

「かぎかけてママ、まってたんだよ」

すっかり話し終えると、かなちゃんと遊んでくる、じゃあねママ。二人は手をつないで、1階下のかなちゃんの家に出かけてしまいました。ありゃ、あっけない。

でも、そのときのふたりの得意そうな顔を、わたしは忘れることができません。顔中が鼻の穴！　って感じでした。がんばって、うれしくって、興奮すると、鼻の穴って広がっちゃうんですよね。

家の中には、工作に、朝顔の鉢植、たくさんの荷物が散らばっていました。ゆんちゃんが、どうやって引きずってきたのかと考えるだけで、わたしの口元が緩みます。

テーブルの上に、ゆんちゃんからの手紙がのっていました。

「ママ、わたしはたくさんおてがみがあります。ママ、わたしはいうことがたくさんあります」

画用紙からこぼれそうな大きな字が躍っていました。どんなにがんばったか、どんなに自分が大きくなったか…。

お手紙も、飛びっきり広がった鼻の穴のようでした。

さて、そんなふうに鼻の穴を、おもいっきり広げているのがこ

の絵本です。

ダックスフントくんが、いろんな動物に、

「おおきく　なったら　なにに　なるの？」

と聞いて歩きます。みんなそれぞれ、おっきくなって、すっごいものになって、ダックスくんは、

「それは　すごいな。りっぱだね！」

と、その度にビックリします。このダックスくんの姿がすごくかわいい。

この絵本を読んでいると、その後ろで、「どうだい、ぼくだって、こーんなふうに大きくなるんだい」っと、たくさんの子どもたちが、鼻の穴を広げているように思えてくるのです。

だから、やっぱり、最後のページでは、

「それは　すごいな。りっぱだね！」と、声に出して、ダックスくんと腰を抜かしてしまいたくなるのですが…。いかがなもんでしょ？

『 それは すごいな りっぱだね！ 』

いちかわけいこ　文
たかはしかずえ　絵
アリス館

2005 年 **4** 月に
読みたくなっちゃった**本**

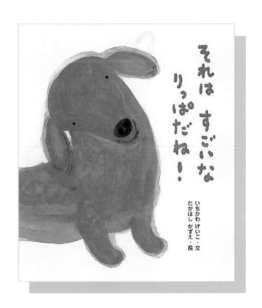

お正月、神戸でひとりで暮らしている主人の母に会いに行きました。みんなそれぞれに忙しく、離れて住んでいるので、今回は家族を代表してわたしひとりで出かけました。

さて、母はお煮しめを炊いてくれたり、さざえを焼いてくれたりしました。お日様色に煮たキンカンや、お吸い物に浮かぶ手まりを型どった生麸など、「あり合わせ」と言いながら、わたしを待っていてくれたのが伝わってきて、とてもうれしかったです。そのお椀を握る母の爪が、桜色に光っていました。丁寧に塗られたマニキュアです。母は年の割には体も大きく、しっかりした手をしています。年輪を重ね、皺が刻まれ、ゴツゴツとした母の手の先にある桜色を見たときに、大先輩である母を、ああ、かわいいなあ、と思いました。主人の母に対してかわいいというのも失礼なようですが、でも、女性としてこうありたい、とちょっと思った。ほら、わたしも年とっていくということに不安を感じ始めてますから。

お正月さんを迎えるということ、お客さんを迎えるということ（嫁だけど）、そして、もちろん自分の楽しみのために。もてなす気持ちや、楽しみに待つ、という気持ちをその頬染めたような桜色から受け取ったように思います。

語らずとも伝え、語らずとも受け継ぎ、そして、また伝え…、続いていくもの。

『母さんの小さかったとき』*は、絵本とは、少し趣が異なるかもしれません。

おかあさんの子どものころの生活や遊びを、綴った本です。絵を見ていると当時の暮らしぶりが手にとるようにわかるのです。

木造の校舎や、手回し式の洗濯機など、わたしよりはずいぶん先輩の子ども時代のようでありますが、子どものころ味わった、草の香や汗のにおいまで思い出すようで、なぜかとても懐かしい。

それはたぶん、夜中にいくお手洗いが怖い背中や、絶対離さないでとつないだ手など、どの時代にも共通する子どもたち

の姿が、そこに描かれているからだと思います。

『父さんの小さかったとき』は男の子編です。（こちらは来月号で紹介します）
この二冊、なんとも見事な対になっています。
『母さんの—』は女性コンビ（！？）に、『父さんの—』は男性コンビ（！？）に、作られたわけですが、それぞれの作家が個性をちゃんと出していて、それでも、対になってる。よくできた夫婦みたいです。（怒られる…かしら）

＊2019年に『おばあちゃんの小さかったとき』に改訂されました。

『おばあちゃんの小さかったとき』

おちとよこ　文
ながたはるみ　絵
福音館書店

2005 年 **5** 月に
読みたくなっちゃった**本**

父があぐらをかくと、わたしは決まってそのひざの中に座りこみました。新聞を広げる父のひざ、晩酌をする父のひざ。まるで、自分の定位置であるかのように、すっぽりとそこに収まっていました。

食卓のイスの上でもあぐらをかく父でした。わたしはテーブルの隙間からどっこいしょと這い上がって、よいこらしょと父のあぐらの上に収まります。お客さんがいてもおかまいなし。父もそれを拒むふうもなく、わたしは自分の席に納まって、酒の肴のウニつまんだり、イクラつついたりするのが習慣でした。根っからの、のんべえ親子だったのですね。

お正月には父の兄弟が集まりました。のんべえの兄弟はやっぱりのんべえ、大酒飲みが四人も五人も集まって、それこそ飲めや歌えの大騒ぎ。ここでもわたしは父のあぐらの上で、うわばみたちの飲みっぷり、しゃべりっぷりに聞き入ったものです。

そのうちに順番に歌い始める。昔はカラオケなんて使わず、手拍子だけで、よく歌ったものです。うちだけかなあ。

父の十八番は「琵琶湖就航の歌」と「知床慕情」、ちっとも上手くないんだけれど、途中で語りが入ったり、合いの手が入ったり、味のある、いい歌でした。この歌を聴くと今も泣いちゃう。わたしはその歌を何十回となく、父のあぐらの中で聴きました。父が揺れればわたしも揺れる。父が笑えばわたしの背中も笑う。体全体で歌を聴いていたように思います。

父が亡くなって八年、でも今も、父の声や、話すリズムをすぐに思い浮かべることができます。あぐらの上に収まって、体に染み込ませるようにして、その声を聞いていたからかもしれません。

さて、そんなにも好きだった父の子ども時代をわたしは知りません。なんだか怖くて聞けなかった。いなかのお百姓の家の男ばかりの六人兄弟。貧しい時代や戦時中の話を拒絶していたのだと思います。苦労話ばかりでなく、ワクワクの詰まった少年時代の出来事もたくさん披露してもらえたでしょうに。

今となっては、もう、聞くすべもありません。

『父さんの小さかったとき*』には、わたしが父から聞きえなかった、昔の子どもたちの暮らしが存分に詰まっています。

けれど、昔の生活や遊びに出会えるばかりでなく、そこには生き生きとした、子どもたちそのものが描かれています。今と少しも変わらない子どもの日常。

たくさんの図鑑や自然科学の絵本も描いていらっしゃる松岡達英さん。とても、精巧で写実的であるのに、その線からは、優しさが伝わってきます。無意識に自分自身が顔をのぞかせてしまうのかもしれません。

＊2019年に『おじいちゃんの小さかったとき』に改訂されました。

『おじいちゃんの小さかったとき』

塩野米松　文
松岡達英　絵
福音館書店

2005 年 **6** 月に
読みたくなっちゃった**本**

「子ども時代」ということばを、わたしはよく使います。カエルに催眠術かけたり、缶蹴りしたり、あるいは何も考えず夢中で土掘り返したり、永遠とも思えるような時間の流れの中で、体中で風やにおいを感じていた時代。わたしにとっては、とても大切な蓄積のときであったと思います。自分のもの作りのテーマでもありますし、その時代を扱った作品がとても好きです。

わたしは『とんぼとりの日々』が好きです。
先日、小学校6年生に読みました。子どもたちはこの絵本を、屈託なく笑って見ます。
四角い顔の九州からの転校生に惹かれたようで、「コンニャクくーん」と勝手に名前をつけて、絵本に向かって呼びかける。「コンニャクくん、いけてるー!」
とんぼの羽根ちぎって歩かせてみたい、という少年たちの台詞には、「ヒエー、怖いよ」とのけぞって、でもやっぱり笑う。
シュールな最後の場面にも、「だめじゃーん」と、クラス一同大喜び。
わたしは、シンと心に響く場面だと思っていたので予想外の反応でした。
「子ども時代」真っただ中の彼らにとっては、当たり前のできごと、正直な反応だったのでしょう。
この絵本を違った角度で見るのは、「子ども時代」を

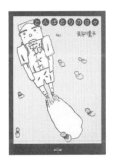

通り過ぎちゃった大人たちなのかもしれません。
今まで子どもたちとあまり読んだことがなかったこの
絵本を、この秋はいっぱい読みたいと思ったのでした。
いやあ、子どもと一緒に読むと、絵本はほんとにおも
しろい！

『とんぼとりの日々』

長谷川集平　作
復刊ドットコム

追悼　長新太さん

深いふかい森の中のお話です。

どんなに深い森の中かは、その空や山やいけの蒼を見ればわかります。

ひっそりとした誰も知らない夜のいけ。つきがひとり、いけに浮かんで遊んでいます。ふねになったり、はしになったり…、ひとり、ひっそりと遊んでいます。

いけのほとりで、たぬきがその様子をそっと、じっと、ながめています。

たぬきはつきが動くたび、びっくりしておなかをきゅうっとつかんでしまいます。

きゅうっと。

つきはひとり、こっそりと遊び続けます。

どこまでも静かで、泣きたくなるほど美しい絵本です。

長新太さんの絵本は子どもだけでなく、中学生や高校生、大人にも喜んでもらえます。実はそういう絵本はなかなか貴重なのです。わたしは初めてお話を聞いてもらう中学生やおとなの方のところに行くときには、もしものとき（！？）のために『つきよのかいじゅう』（佼成出版社）を忍ばせて行ったりします。使わずに済むこともありますが、困ったときの長新太さん！で、わたしにとっては、お守りの代わりでもあるのです。

小学校の5組6組さん（特別支援学級）のクラスでも、長新太さんの絵本はものすごい想像力、創造力をかきたてるようです。子どもたちの発想がとんでもないところまでいってしまう。

できあがった絵本ではなくて、絵本を囲んでいる子ど

もたちと、どんどんまだまだその場で創られていく絵本、という感じがします。読むたびに発見があります。読むたびに驚いて……。

もっともっと驚かせてもらいたかった。

絵本作家の長新太さんが6月25日亡くなりました。どうしても読みたくて、27日に保育園で『つきよ』を読みました。いつもは子どもたちと一緒に楽しむために絵本を読みますが、この日は、ただ自分のために読んだような気がします。

「ぼくは　びっくりして　おなかを　りょうてで　きゅうっと　つかんでしまいました」

きゅうっと。

すると、保育園の小さな子どもたちが、自分のおなかをきゅうっとつかみました。

「きゅうっと」って、かわいい声で。

わたしはびっくりして……。わたしも自分のおなかをきゅうっとつかんでしまいました。

深い森のおくの、池のほとりで、子どもたちと一緒に、月が遊ぶ姿をこっそりながめたような気がします。

長新太さんというとてつもなく大きな月を。

合掌

※『つきよ』は、64p（2002年10月）に紹介しています。

133

小学校の高学年のときに流行っていたお誕生会は、それはそれはブルジョアなお誕生会でした。

仲のいい数人の友だちにこっそり招待状を渡します。フフ、これ内緒よ、なーんてね。

サンドイッチにケーキ、とっておきのワンピース、髪の毛には大きなリボンをつけてもらう。お呼ばれされた方もプレゼント抱えて、おんなじようにワンピースにリボン、お行儀よくやってきます。

「わあ、そのリボンかわいい」

「パパの出張のおみやげなの、ゥフン」

なーんて言って。いやあな娘たちでしょ?

さて、そのブルジョアなお誕生会に植前くんは突然やってきました。小さな妹を連れて。

転校生の植前くんは色が黒くて、いつも、ほっぺたが真っ赤だった。おとうさんもおかあさんも働いてらして、学校ではスポーツ万能男気いっぱいの彼も、家に帰ると小さな妹といつも一緒でした。母が声をかけたのか、噂を聞いてやってきちゃったのか、妹とふたり部屋にあがって、所在なさ気にしていました。

わたしたちだって、いつもなら、もう少しくらいは優しくできたんだろうけど、ほら、なんといっても今日だけはセレブな集まり、まあ、お姫様ごっこみたいなものですからね。いやあねえ、男ってデリカシーなくて…。なんて植前くんも妹も鼻にもかけず、わたしたちはお誕生会を続行。

「そろそろ、帰る」

しばらくして、植前くんは妹の手をひいて帰っていきました。やったわ、これで本来のお誕生会スタートね。

着飾った娘たちは陽気に、その日だけのブルジョアお誕生会を堪能し、では、ごきげんよう、夕焼けといっしょにさよならしました。

ところで植前くんは、帰りぎわ、玄関まで見送ったわたしに、ポケットから折紙で包んだプレゼントをくれました。リボンできちんと結ばれたグシャグシャの折紙の包み。

みんなの前では開けられませんでした。お風呂からあがって開いてみると、ビー玉がころんと転がりました。

たまごにいちゃんは、にいちゃんですからね、がんばらなくっちゃいけません。

でも、本当はがんばりきれなくって、たまごに戻ってしまいたいときだってある！！

わたしはにいちゃんじゃないですけど、やっぱり、たまごに戻ってしまいたいときもある！ そんなときには、おもいきってたまごに戻っちゃうのもいいのかも…しれませんね。

「がんばれ！」ってことばは好きではありませんが、「がんばる！」は案外いいことばなんだなあ…と、この絵本が思わせてくれました。

『 がんばる！たまごにいちゃん 』

あきやまただし　作・絵
すずき出版

小学生になっても、幼馴染のユミちゃんと裏山でよく遊びました。今では怖くって考えられないことですが、道路からちょいと崖をよじのぼれば、いくらでも森が、畑が、山が、まだいたるところに広がっていたのでした。(もちろん、みつかったら怒られるでしょうけど) わたしたちは冒険家になったり、おかあさんになったり、いろんなものに姿を変えて、そんな中で遊びました。

あるとき、おかあさんごっこで夕食をつくっていたユミかあさんが、ちょいと地面を掘り返すと、貝がらがひとつでてきました。

「今夜のおかずはしじみのお味噌汁よ」

ユミかあさんが、ついでにまた、ちょいと深めに掘り返すと、ザックザックと、大判小判ならぬ貝殻の山！がでてきたのです。

わたしたちは二人して、もう、夢中で掘りました。お味噌汁に入れたら一年かかっても食べきれないような貝殻の山。別の場所を掘り返すと、やっぱり、貝殻の山がでてくる。

わたしよりずっと賢いユミかあさんは、おかあさん業をさっさと廃業、その場で考古学者になったのでした。子ども役のまんまのわたしが、「下のお家の人が、貝殻はいつもここに捨ててるのかな」

と、質問すると、考古学者のユミ先生は、

「違う！ これは原始人が貝を食べては捨てた太古のゴミ箱だよ。よう子ちゃん、これは二人っきりの秘密の場所にしよう」

と、断固とした声で言いました。

「うん、二人っきりの秘密だね」

わたしは、秘密ということばが大好きでしたから、うれしくってユミ先生に従いました。

あのまま、探究心を深く持ち続けていたら、あるいはわたしたちのどちらかは、本物の考古学者になっていたかもしれませんが…。

ユミちゃんも、わたしも、おかあさんになりました。

『ほね、ほね、きょうりゅうのほね』は、恐竜の骨を発掘し、組

み立て、博物館に展示するまでの過程を描いた絵本です。と
いっても、固い本でも、説明的な本でもありません。詩的で、
シュールな絵本です。バイロン・バートンの色使いがシンプル
でかつ、とてもきれい。
「ほねは　ないか、ほねは　ないか。ほねを　さがしてあるく」
と、探検隊が探し歩いた恐竜の骨が、3ページ目にして、「あっ
た！」でーん、とでてきます。絵本作りはテンポよく！　と、いわ
れますが、まさにそれ！
絵本を見る目が厳しい、高学年男子だって、「はえ（早い）！」
3ページ目にして、虜になっちゃうのでした。

『 ほね、ほね、きょうりゅうのほね 』

バイロン・バートン　作
かけがわやすこ　訳
ポプラ社

2005 年 10 月に
読みたくなっちゃった本

小学校低学年のころのわたしは、よく倒れる子どもでした。朝礼ではしゃがみこむ、給食のカレーうどんのにおいだけで気分が悪くなる(ヒドイ!)、疲れるとおなかが痛くなる…。保健室の女王様みたいなもんでした。

ある日、母とふたり電車に乗ってお出かけしました。わたしが住んでいた大倉山から渋谷までは三十分ほど。けれど、その日の電車の混みようといったら生半可なものではありません。祝日でした。一番前の車輌、運転席のすぐ後ろに乗ったわたしたちですが、駅毎に人が増えて、その内ちょっと首を傾げれば、わたしの目の前には、すんごいおばさんの、すんごいおしり。くっつけた顔を離すことができず窒息しそうになる有様です。案の定わたしは気分が悪くなりました。降りたい、と言うと、母はだめ、といいました。次のに乗ってもおんなじだから我慢なさい、というのです。ゲェしたい、というと、だめ!といいます。外の景色を見て! 深呼吸なさい! でも、満員となった電車からは、横目にかすかな景色が見えるだけ。降りる! も一度言いました。降りません!(母)

それで、わたしはひたすらゴクゴク生唾飲み込んで、駅くるかな、駅くるかな、すんごいおしりにほっぺたくっつけたまま、耳をそば立てたのです。ガダゴドガダゴド…がゆっくりになると、駅に着きます。あといくつ? あとふたつだから。ッドンッドンッ…大きく揺れると、ゲェが出そうになる。あといくつ? 次よつぎ! ガッタゴットッガッタッゴッドガダゴドガコン…、やがて、片目で見る窓の外に、かすかに渋谷のホームが見えました。あ、人がいる。えき!?

そう思ったとたん、見事に世界がまっ白になったのです。音が聞こえなくなり、あれ? と自分の声だけが耳に残って、景色がスッと遠のきました。どんなふうに担ぎ出されたのか覚えていません。気がつくとホームのベンチで寝ていました。

わたしはお出かけするのが嫌いになり、母もわたしとお出かけするのが嫌いになったのでした。たぶん!

この絵本を図書館でみつけたときのうれしかったことったら！つい、最近のことですが…。今はあっちの子どもに、そっちの小学生にと、うれしくてうれしくて読みまくっています。絵は電車の運転席越しに見る外の景色のみ！文章は電車の中で聞こえる電車の音（擬音）のみ！で語られています。けれど、電車で揺られてのお出かけのうれしい気分、車窓から見る街の人々の営みやら、いろんなドラマが心をよぎります。こういう本はうまく読んじゃってはいけません。ああ、読めない！誰か代わって！なんていいながら思いっきり楽しんで！皆が声に出してみたくなる絵本なのです。

『でんしゃは うたう』

三宮麻由子　文
みねおみつ　絵
福音館書店

それはまるで夢の中の光景のようでしたよ！
真夜中の一般道で、トラックが電車の車輌を運んでいく場面に遭遇したのです。つい先日のこと。

たいして大きな道路ではありません。毎日車で走る桜並木の商店街。

用事で遅くなってしまったわたしと娘が、車で交差点に差しかかると、一般道にはあまりにも不釣合いな大型のトラックが止まっていました。車体のいたるところに、蒼白い小さなライトをつけて…。トラックは交差点を曲がろうとしていたのです。数人の小さな男たちが…、（実際にはもちろん普通の整備士さんですが、その暗闇とその道路に不釣合いな大型トラックのせいで、男たちは小人のように見えました）通行している車を止め、トラックに進むようにと旗を振りました。

やがて、大型のトラックがゆっくり交差点を曲がり始めると、連結された荷台にブリキの塊のような電車の車輌が乗っているのが見えました。そう、トラックが電車の車両を運んでいたのです。トラックについた蒼白いランプの光に照らされ、そのブリキの塊はうっすらと光り輝き、運ばれているというよりも、電車そのものが重たい音をたてて道路を滑り降りていくように見えました。背後に映る見慣れた街並が、より一層、自分たちの見ている光景を幻想的なものに映しています。娘とふたり、どこか違う世界に迷い込んでしまったような錯覚にとらわれました。わたしたちは、路肩に車を止め、闇の中のその不思議な光景に見入りました。

やがて、ブリキの塊が遠のき、現実の世界に戻ろうとしたそのとき、また一台、蒼白い光りが緩やかな坂道を降りてきました。音を立てて。シューゴドンゴドン…

蒼白く光るもう一台のブリキの塊も、ゆっくりと時間をかけ、鈍い音を立て、やがて、交差点の先に消えていきました。

シューゴッドンシューゴドンゴドン…

それはまさしく、永遠に続く線路の上を、ゆっくりと列車が走る音でした。重厚な車輪の軋む音が今も私の耳に残っています。

この景色をどこかで見たと思ったら、それはまぎれもない『急

行「北極号」にオールズバーグが描いた景色でした。おと
なも子どもも（むしろ、おとなこそ！）ファンタジィと知りつつ、
そのあまりにもリアリズムな描写に、心奪われてしまう、とい
うのが彼の作品世界。夜中にこっそり、ひっそり、ゆっくり眺
めたくなる絵本です。翻訳はわたしの尊敬する世界の村上
春樹さん！ 絵本の文章だと村上ワールドはどうでしょう…、
素晴らしかった！ なんといってもこの絵本は夜中にこっそり、
ひっそり、ゆっくり読みこむ絵本なんですから、素晴らしい世
界を村上春樹さんが語ってくれています。『ポーラーエクスプ
レス』として映画化もされました。総ＣＧの映画。声は、これ
また愛するトム・ハンクスが4役使い分けたとか。すぐ見たい
ような見るのがもったいないような気分です。

2005 年 12 月に
読みたくなっちゃった本

絵と文 C・V・オールズバーグ
The Polar Express 訳 村上春樹　急行「北極号」

『急行「北極号」』

C.V. オールズバーグ　絵と文
村上春樹　訳
あすなろ書房

今年のお正月、ともだちの家にあかちゃんが生まれました（もちろん、わたしより、ずっとずっと若いおともだちですけど）。彼女がメールで送ってくれるあかちゃんの画像を見るのが、今のわたしのお楽しみ。生まれたてのおかあさんの新鮮な驚きや、しあわせでいっぱいの気分も、添えられた文面にのって、いっしょに届きます。

まっさらな命っていうのは、なんてステキなんでしょ。眺めているこちらの方まで、新しい人生をスタートできそうな気分になります。「こっちの世界はどうですか？ 楽しいですか？ ま新しいピンピンのものだけを揃えて、ここにやってきましたよ、どうぞよろしく！」あかちゃんは全身で言ってます。

「楽しいですよ。これから、びっくりするようなことがいっぱい待っていますよ。こちらこそ、どうぞよろしく」

なんだか、わたしは改まった気分になって、まだ、実際には会っていない新しい命に、パソコンのこちら側からごあいさつしました。

『みんなのこもりうた』は、1966年に出版された絵本です。今は残念ながら、本屋さんで手にすることはできないようです。ページを繰る度、いろんな動物のこどもが寝ている姿がでてきます。丸くなって、あるいはかあさんに寄り添って…。あざらしの子も、くまの子も、りすの子もしあわせそうな寝顔です。でも、こもりうた歌ってもらえるのは、…そう、わたしたち人間のこどもだけなんですね。

石井桃子さんの優しく満ち足りたことばと、中谷千代子さんの伸びのびとした穏やかな絵が、静かなときの流れを絵本の中に封じ込めてしまいました。

生まれたばかりのあかちゃんには、絵本はいりません。ただ、おかあさんの語りかけがあればそれでいい！ とわたしは思っています。あかちゃんとおかあさんは、目でお話します。赤ちゃんは、まなざしでおかあさんに語りかけ、ことばを持っているおかあさんは、それを受けとって、あかちゃんの伝えたいこと

ばまで話している、というわけです。目を見て語り合うこと、それが大切。ですから、生まれたばかりのあかちゃんには絵本はいりません。

でもね、生まれたてのおかあさんのための、絵本があったらいいなと思います。おかあさんが自分のために読んで、気持ちが安らいで、そして、あかちゃんに語りかけたくなっちゃうような絵本。そんな絵本があったら、いいのになあ。

『みんなのこもりうた』はたぶん、数少ないそんな絵本の一冊だと思います。

『みんな こもりうた』

トルード・アルベルチ　文
中谷千代子　絵
石井桃子　訳
福音館書店

※絶版（2023年10月現在）

2006年 **1** 月に
読みたくなっちゃった**本**

みんなの こもりうた

トルード・アルベルチ ぶん　なかたに ちよこ え　いしい ももこ やく

143

娘が生まれて、初めて買ってあげたぬいぐるみは、まっしろい小さなクマの子でした。どこかの遊園地の売店で買ったのです。なんて名前にしようか？　ベビーカーに座った彼女にクマの子をみせると、

「アリラ！」

それで、クマの子の名前はアリラになりました。もっとも1才前、そのころ彼女が発する声は、「リラリラ　ラリラ…」そんなものでしたけどね。

さて、それからずいぶん長いこと、アリラはどこに行くにも彼女といっしょでした。彼女のヒステリーに付き合わされて、地面に投げつけられたり、砂場に片足埋められたり、ときにはミルクまでかけられたりしましたが、そのたんびに無事生還。そればかりか、知らないところに置き忘れられたり、ベビーカーから落っこちたまんま気付いてもらえなかったときにも…、運よく（もしくは自力で？）、

「これ、お嬢ちゃんのじゃないかい？」

なーんて具合に、誰かに拾い上げてもらってきました。

もし、もう少し大きな子どもの家に、欲しい欲しいとねだられて買われていっていたら、クマの子にも、もっと平和な毎日が待っていたかもしれませんけれど…。

アリラは20年近くたった今でも、娘の部屋の棚の上に座っています。少しホコリがかぶったクマの子は、

「ブンブン振り回されて真っ黒になっていても、いつもいっしょに連れて歩いてもらっていたころがよかったなあ」

娘の背中をみつめながら、ぼんやり考えているのかもしれません。

くまのコールテンくん、この小さなくまのぬいぐるみが、真夜中のデパートで繰り広げる冒険を、幼い日の娘たちはクスクス笑いながら何度も楽しんだものです。わたしたちが目にすることのない真夜中のデパートでなら、コールテンくんが動き出してもちっとも不思議じゃありませんものね。

久しぶりに目にした、このあたたかい赤い表紙に誘われたの

か（わたしがこの原稿を書くために何日かテーブルの上にこの本をおいておきましたら）、今ではほとんど絵本を手にすることのなくなった娘たちも、そろそろと絵本を開き、小さなおともだち、くまのコールテンくんに会いにいっていました。

『くまのコールテンくん』

ドン・フリーマン　作
まつおかきょうこ　訳
偕成社

この家に引っ越してきて5年がたちます。

今では庭のミモザは、二階の部屋から手が届くほど枝を伸ばしているし、たくさんのハーブや草花も、おばあちゃんが丹精込めてくれたおかげで、生まれつきそこに根づいていたかのように葉を茂らせています。

でも、5年前、引っ越してきたときには、庭は一面の黒土、草一本生えていない淋しい様子でした。

そして、そのお引越しの最中に、ハムスターのチデちゃんが死にました。ハムスターは環境の変化に弱いのですね。

まだ小学生だった娘と、庭の端っこにチデちゃんを埋めました。その周りにチデちゃんの食べていたペットフードを撒きました。おばあちゃんは二つ、三つ、ヒマワリの種を埋めてくれました。チデちゃんが喜ぶよ。

するとねえ、一週間も過ぎたころ、カイワレみたいな草が、たくさん生えてきたのです。チデちゃんのペットフードには、たぶんたくさんの種が入っていたのですね。それが発芽したの。

土に還ったチデちゃんのおかげでしょうか。何百という、きみどり色した草が、風にそよそよ揺れてねえ。わたしたちはほんとにビックリしちゃいました。それから、ヒマワリもぐんぐん伸びて、やがて花をつけた。

その景色はちょっとステキなものでしたよ。まだ手つかずの黒土の一角で、真夏のお日さまの下、大輪のヒマワリと無数のカイワレが揺れている。ここで何かが息づいていますよぉ。これからもどんどん育っていきますよぉ。

草の上を渡っていく風が、そう教えてくれているようでした。

どいかやさんはパステルを使って、また、フェルトを素材とするなど、ぬくもり溢れる絵本をたくさん創られています。きっと、気の遠くなるような作業をされているのだろうな。こつこつと、ひたむきに机に向かう姿を、勝手に想像してしまいます。そして、その手から紡がれる温かさは、印刷されても封じ込められるかのようにして、ちゃんと伝わってくるのです。だから、創られ

る絵本が、どれもとてもあたたかい。さて…、

そのどいかやさんがステキな絵本を描かれました。今年2月
5日に出版されたばかりの本です。「朝おきると机のしたで
うさぎが　死んでいました」ドキッとする始まりです。いろいろ
な感じ方があるのでしょうが、土に還る、という部分でわたし
は魅了されました。よどみない文章が、まっすぐに心に迫って
きます。たくさんの子どもたちと読んでみたい。たくさんのおと
なの方にもご紹介したい絵本です。

『うさぎのルーピースー』

どいかや
ほるぷ出版

※ 2023年10月、ほるぷ出版より新装版刊行。表紙・判型も新し
　くなりました。

2006年 **3** 月に
読みたくなっちゃった**本**

うさぎの**ルーピースー**
どい かや

子どものころ、お魚食べるのが下手でした。骨をとるのは面倒だし、なかなかきれいに食べられません。食べた後のお皿の上に、骨や皮が残るのも嫌でした。汚いから。ところが、わたしの父はお魚をとっても上手に食べることができました。食べ方もきれい。上品に食べる、ということじゃないんです。日本酒一杯飲みながら、チャカチャカチャンと鼻歌でも歌うように、とても楽しそうに身と骨をわけていくのです。骨も皮もしゃぶるように食べてね、こいつぁ残すところがないんだよ、と言ってきれいに平らげます。陽子のだんなさんは魚が上手に食べられる人がいい、とか言ってね。父が食べたお皿の隅っこに残されたお魚の骨と皮は、残骸というより、なんだかねえ、美しい姿でした。

塩尻（長野県）に住む従兄弟たちは、「ご馳走さま」と言う代わりに、食事のあと、「いただきました」と言います。手を合わせて、頭ペコンと下げて「いただきました」。

父が食べたお魚のあとと、従兄弟たちが使う「いただきました」ということば、なんだか似てるなあ、と思います。命あるものを「いただきました」という感じ。美しいなあ、と思います。

絵本『さかなだ　さかなだ』は2006年4月初版、まさにできたてのホヤホヤ絵本です。ちいさな幼稚園「りんごの木子どもクラブ」での取り組みから生まれた絵本です。丸々の大きなお魚を、魚屋さんから買って、豪快に料理、お魚のとりことなって、まさに骨までしゃぶる！ 骨まで遊ぶ！ 子どもと、お魚の格闘の物語です。

今の子どもは元気がない、なんて言われるけれど、本当の子どもっていうのは、今でも変わらず元気です。最近の絵本にでてくる子どもの姿はどこかお行儀よくすぎるかも。

でもね、この絵本で、久しぶりに、汗とエネルギーを撒き散らして、活き活きとうごめいている子どもたちを見せていただきました。お魚も活きがいいですけどね、この絵本の子どもたちも、相当に活きがいい！ 気持ちのいい絵本です。

わたしがとくに好きなのは、魚の骨を部屋に吊るす場面。ほんとに吊るしたとしたらすごい! いつか長野ヒデ子さんにこっそり聞いてみよう。

『 さかなだ さかなだ 』

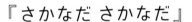

長野ヒデ子　作・絵
偕成社

どんな絵本が創りたい？ と、聞かれたら、間違いなく『くまのテディちゃん』と、答えます。

1才の子どもだって、ちゃんとわかって、大のおとなだってナデナデしたくなるに決まってる。ネンネのときにも連れていきたくなる本で、…まるで、ぬいぐるみをひっぱってくるみたいにさ。でも、決して甘くないんだよ。懐かしくって、シンプルで、いつまでだって愛されて…、わたしゃそんな絵本が創りたいのさ。

くまのテディちゃんが持っているのは、きいろいつりズボンでしょ。あかいゾウのついたしろいエプロンでしょ。ほかにも…ね。くまのテディちゃんは持っているものをひとつずつ、みせてくれますよ。

それから、「ほらね」と、ズボンはいた姿、エプロンつけた姿も見せてくれます。

『くまのテディちゃん』を読んでもらうと、子どもたちは、テディちゃんのお友だちになって、自分のズボンやエプロンも、テディちゃんに見せてあげたくなっちゃうんじゃないかな。

　　くまさん　くまさん　まわれみぎ
　　くまさん　くまさん　りょうてを　ついて
　　くまさん　くまさん　かたあし　あげて
　　くまさん　くまさん　さようなら
　　　　（わらべうた）

大縄で遊ぶあそびうた（わらべうたの一種）です。
お人形を使ったり、子ども自身が、この動きをまねても楽しい。
『くまのテディちゃん』を読むと、なぜだかこのわらべうたを思い出します。

2006年 **5** 月に
読みたくなっちゃった**本**

『くまのテディちゃん』

グレタ・ヤヌス　作
ロジャー・デュボアザン　絵
湯沢朱美　訳
こぐま社

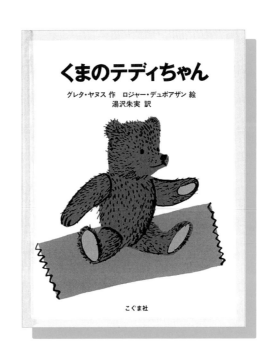

✦ あ と が き ✦

　『サマーサンタクロース』を最後まで読んでいただきありがとうございます。

この本をきっかけに絵本に触れてみようかな、読み返してみようかなと思っていただけたらうれしいです。

この本のもととなった通信「絵本と昔話を運ぶ手配り新聞サマーサンタクロース」は、何かを書きたくて書きたくて、書かずにいられなくなって…、そんな想いが膨らんで書き始めた通信です。冬の間は忙しいサンタさんも夏なら何かを届けるお手伝いをしてくれるかも。そんな想いも込めてタイトルをつけました。絵本作家・絵本コーディネーターとして歩き始めたはじめの一歩でもあります。改めて読み返すと、若かった自分が何かに突き動かされるように発信し、想いが溢れていて、えらかったなあと思います。当時の子育て奮闘ぶりや今はいない母への想いも甦ってきて胸が熱くなります。

わたしにとっては思いの詰まった文面ですが、20年も前のこの文章を、出版という形で世の中に出そうと言って下さった、ひだまり舎の中村真純さんには感謝の言葉もみつかりません。あるときとても不安になって、どうして出版？ と、尋ねたら、「わたしが面白かったからですよ、ほんとうに。本の形で読みたいと思いました」と言って下さり、ホッとしたというか、涙が溢れるほどうれしかった。改めてお礼申し上げます。

サンタ事務局として、今も通信を印刷から発送まで引き受けてくれている、友人でもある株式会社サンクの兼康あずささん、スタッフの皆さん、ありがとうございます。今まで読んで下さった読者の皆さん、

そしてわたしを支え、ときに話題を提供し続けてくれている家族に心から感謝します。
この本を読んで下さったみなさんに、何か目に見えなくても贈りものが届いたらいいなあ。
これからも、どうぞよろしく。応援して下さい。

　絵本を読んでみませんか？　子どもたちのために。自分のために。

2023年10月

こがようこ

※扉にもある「サマーサンタクロース」の絵は、次女みなちゃんが小学生のとき描いてくれたものを手直し、
　現在もシンボルとして使っています。ありがとう♪

サマーサンタクロース　こがようこ

2023年10月20日　初版発行

発行者　　　　中村真純

発行所　　　　ひだまり舎　東京都八王子市七国4-25-9
　　　　　　　TEL 050-3707-2328

ブックデザイン　平岡敦子

印刷・製本　モリモト印刷株式会社

ISBN978-4-909749-17-8　C0090　NDC019

＊本書は、こがようこさん発行「サマーサンタクロース」2000年6月号~2006年5月号の
「今月読みたくなっちゃった本」をもとに再編集したものです。刊行にあたり、加筆修
正した部分があります。